意志

10個磨練鋼鐵心智、
邁向巔峰的**海豹部隊**戰勝心法

鍛鍊

布蘭特‧格里森　Brent Gleeson　著

曾文彥　譯

U0048665

目次

推薦序

大衛・果金斯

你有多想做到，你就願意承受多大的痛苦。

——大衛・果金斯

人的心智是我們與生俱來最強大的武器。然而，這項武器也時常是那個阻礙我們克服困境、取得非凡的成就的絆腳石。如果我們無法學會控制自己，將永遠受制於它的軟弱。

2000 年底，我和布蘭特在美國加州的海軍特種部隊科羅納多訓練基地認識，我們是同梯，都在基礎水下爆破訓練（以下簡稱 BUD/S）235 班。當時，我在此地進行了長達十個月的海豹部隊

訓練，度過兩週魔鬼訓練，身體多處受傷，但我的心理訓練才正要開始。

我生長在充滿身心暴力的家庭，每天都要面對學習障礙、肥胖及種族歧視。這樣的成長環境助長了憂鬱、內心恐懼又極度渴望他人的肯定。我不斷在爛泥中跌跌撞撞，看不見任何苦難消失的跡象。突然有一天，我意識到我可以選擇讓自己重生，拿回生命的主導權。1994 年，我加入美國空軍，作為戰術空中管制員，服役五年。為我們偉大的國家服務，讓我感到快樂又滿足；向比自己更偉大的事業付出，填補了我多年努力的空虛。但就在我離開空軍後，憂鬱又朝我襲來，把我拉回孤獨的深淵，在黑暗中迷失自我，體重又回升了。我的體重重達 135 公斤，那時我感到相當害怕，害怕自己就此定型，而我命中注定如此。那一刻，我向命運低頭。某天，我看著鏡子裡的自己，咒罵「去他的！」我下定決心不再自怨自艾，起身去運動，只為了奪回生命的掌控權。我用嚴格的紀律和決心，快速減掉 48 公斤。2000 年，我加入美國海軍，目標是成為海豹部隊的一員。

我知曉自己要先跳入地獄，與魔鬼決鬥，甚至成為魔鬼，才能達成目標。我讓自己受新的習慣薰陶，讓意志去承受痛苦，並享受它。我的心長出了自我交戰必需的厚繭。布蘭特常開玩笑，說我可能是海豹部隊選拔訓練史上唯一不只享受這些折磨，甚至還將戰場

當成家的人。2001 年 3 月，我們完成了第三個的地獄週。八個月後，我們都通過海豹部隊資格訓練，布蘭特和我受領金色三叉戟徽章，加入海豹五隊。

我仍不滿足，自覺太安逸於新的人生成就，我必須將自己歸零，啟程前往下一個人生階段。我選擇進入美國陸軍遊騎兵學校就讀，作為第一次部隊分發後的跨部門訓練。2004 年，我以優異的成績畢業，再度回歸海豹五隊。從遊騎兵學校畢業後沒多久，我成為優秀的超級馬拉松運動員，同時在海豹部隊服役。

從那時起，我一直在探索自我、打破舒適圈。多年來，痛苦與磨難一直是督促我前進的動力。我完成了超過 60 場超級馬拉松、鐵人三項、超級鐵人三項，時常打破比賽紀錄且常保持在前五名，讓我成為一名成就非凡的耐力運動員。我曾打破金氏世界紀錄，在十七小時內做完 4,030 次引體上升。

但我並不看重那些功成名就，它們都不是我做事的動機。當然，我為特戰軍人基金會爭取到巨額募款，也為其博得大眾關心，但不求取我個人的關注。我並非凡事都要得第一，也不關乎我完成了多少賽事、跛腳跑完多少英里，這不是積分比賽。更重要的是，我在每個機會都有全力以赴，超越原本的舒適圈。個人而言，身心的磨難是通往自省的路，沒有什麼能比這更讓我思緒清晰、專注且活在當下。

　　人人都有能力掌控自己的心智。但大腦自備著避免痛苦的防禦機制，讓我們可以安逸的躲在舒適圈裡，大腦傾向庇護我們。當大腦釋放出「我們不能再進一步、不能承受更多」、「退回無能、平庸的懷抱」的訊息時，我們只開發出 40% 的身心潛能。我稱之為「40% 法則」。

　　如果懂得駕馭心智，我們就可以克服所有難關。只要控制好自己的意志，它就能成為我們的工具，帶領我們在任何領域取得成功，舉凡克服憂鬱、成癮、財務困境、疾病，乃至達成最難以想像的遠大志向。而我們要做的就是擁抱逆境。

　　大約一年前，布蘭特請我向他正要踏入海豹部隊的魔鬼訓練週的某個學員給予鼓勵。這位年輕人的母親在他入訓的前一週因為腦動脈瘤驟逝。接下來的文字是我寄予他的鼓勵，後來在他的班上分享：

> 請轉告他，我的話對他沒用，因為他是那麼膽小畏縮。男人獲得展示毅力的機會難得！你要祈求壞天氣！祈求冰冷的海水！祈求受傷的身體！你應該要為地獄週的表現求得最糟的情況！祈求地獄週很煎熬，只有你的小隊船員能度過難關！船員之所以能成功是因為你領導他們熬過史上最硬的地獄週！

不先成為魔鬼，就無法入地獄！關乎你的心態。如果你期許最佳的地獄週情況，那麼你就沒有準備好！你要知道，你能承擔的是別人無法承擔的大任。並非因為你相信自己，而是因為你受的訓練比他人的更困難！

你可能認為這是一場過度激動的勵志演說。但這不是！這是我在踏入任何一場戰役之前所做的心理建設。地獄週不是拿來嚇唬人的，而是讓人找尋靈魂的根。你想看到多數人放棄的地方，但你才正要開始，成為這個人。若你想知道哪些地方讓他人放棄，讓你有所行動，那麼你要成為當所有人都在埋頭苦惱時，場上唯一一個在笑的人！不是帶著親切的笑容，而是明擺著：「你以為這種小事能傷到我嗎？」的笑容。

這是一個機會，讓你能夠成為你想成為的人，你無法在舒適的環境下成為那樣的人！你必須心甘情願得到比別人更多的磨難，不是你不得不，而是你真心想要如此！

留給你這段話：很多人都在找尋可以證明自己的難關，但一旦難關來臨，現實讓人難以承受。注意那個「眼神」！你若看到便會了解我說的是什麼，就好像他們的靈肉分離了。這個現象會在人們陷入極度痛苦時發生，人們無法承受心理傷痛，苦於他們以為自己能做到的事。重點在於他

們「以為」自己能做到！只要你看到一個人出現那樣的眼神，放棄便是遲早的事。

所以，你帶著畏畏縮縮的性格，你要怎麼做？你的身體受重傷，但訓練還有 50 小時，你會怎麼做？當你的小組船員都要放棄，留你孤軍奮戰，你會怎麼做？當雨下個不停，而你冷得要命，你會怎麼做？雖然我不知道你會怎麼做，既然你向我尋求建議，我告訴你我會這樣做：祈求上天讓事情變更糟吧！心態致勝！

帶著自我去戰鬥吧！

我們天生就有大膽在戰場向前、與敵人對抗、刻意與自我交戰，克服一切，活出最好的自己的能力。不要理會那些我們一生會遇到的諸多無可避免的障礙，只要我們擁抱逆境、全力以赴，我們的成就將會勢不可當。

痛苦會打開通往心智的祕密道路，引出最好的表現與最美妙的寂靜。

穿上你的戰袍，精進自己，祝福你。

前言

不要祈求安逸的人生，祈求擁有撐過艱難的力量。

——李小龍

這是一本關於心理韌性的書，尤其在過去的一年，對世界上的大多數人來說，心理韌性是一項重要的武器。雖然本書的內容歷久彌新，能適用在所有場合，但本書的出版不幸地充滿諷刺。2020 年發生一場前所未有的世界級傳染病——武漢肺炎／新冠肺炎（COVID-19）驚動全球，改變人們對所有事物的看法，包含我們的優先順序、健康、家庭、商業、金錢、信仰和愛。當我們有能力改變關於那些接踵而來的人生挑戰的想法，以及找到以下重點問題的新答案，就能建立起心理韌性。

什麼是我心中最大的逆境？

我花了多少時間沉溺在痛苦中？

我是否避開或接納心理或生理的痛苦現實？

是否經常專注在我無法控制的事物？

最快花多久的時間打回原形？

我是否願意接納極度不舒服，以求活出精彩的人生？

我們是由自己相信的事物、做的決定、那些決定造成的結果，所建立的個體，或許我們不會時時注意到這些事，但我們深深影響著自己生命的展開。據我所知，那些身心最堅強的人們總是善於建立心理韌性，為追隨自己的熱情，為比自身更偉大的動機，刻意衝出舒適圈的邊界。簡單說，即使命運與他們作對，他們仍選擇了困境而非中庸，且堅持前進。

如果你不能飛，那就奔跑；如果跑不動，就走路；實在不能走，就用爬的。無論如何，你得不斷前進。

——馬丁·路德·金恩

在 2000 年初，我做了一項人生重大的決定。我原是跨國房地產開發公司的財務分析師，但我放棄了這份報酬相對優渥的工作，

選擇加入美國海軍。我的目標，是在全世界最具挑戰的特種作戰訓練與選拔中出類拔萃，成為海豹部隊的一員。當時的我並不曉得，日後的軍旅歲月會澈底改變我對困境的看法。

在後續的篇章，我會分享一些個人經驗，來自海豹部隊訓練、戰爭、商場及人生。這本書的終極目的是為了讓人們了解是什麼能驅使我們在逆境中成長，我們如何培養心理韌性？每個人天生擁有的心理韌性會有多寡不同嗎？我們該如何讓心理韌性的收入大於支出？心理韌性會隨著時間自然而然學會嗎？還是我們需要特別訓練這項能力？這一切的解答很簡單：心理韌性就像我們的肌肉，你可以藉由專注、決心，加上這本書，強韌你的心智，去克服任何障礙，達成目標，稱霸戰場，活出精彩的人生。

★★★

我將我大多的成功歸因於我的導師，他讓我得以承受海豹部隊訓練營中難以想像的嚴苛。我的雙親皆從德州達拉斯的南美以美大學拿到學士學位，而我在多年後，也進入該校就讀。當我終於鼓起勇氣向父母提出「我要成為一名國家戰士，而非財務分析師」這樣大膽且冒險的計畫，父親將他的好友，同時也是他在大學的泳隊隊友，介紹給我認識。父親的友人在畢業後就加入海軍，又在越戰時期成為海豹部隊成員。這位先生住在加州拉霍亞，距離海軍特種部

隊科羅納多訓練基地只有三十分鐘的路程，當時的我非常希望自己有一天能夠在那裡接受蛙人訓練。我父親認為好友可能可以和我分享人生智慧，更精確地說，可以勸我打消念頭！時間會證明一切。

多年後的今天，為了持續服務並回饋海軍特種部隊社群，我在訓練營中指導年輕人。在我剛開始輔導這些殷切又意志堅定的年輕人，他們想知道的問題都和我當初與他們處在相同位階時想的都一樣——**什麼是最困難的部分？你是怎麼通過考驗的？著重在生理還是心理層面？可以做什麼樣的最佳準備？**請你們記住，當我還是個大學生，海豹部隊在我心中的地位非常崇高，他們各個是神人，會吐火焰、吞玻璃、輕鬆地臥推 500 磅，做這些事的同時還扛著機槍與盛滿啤酒的維京角杯。那鋼鐵般的目光就能殺人。

我將有限的時間投入擔任導師的工作，知道大多數年輕人會失敗，而我需要建立一個選才程序。我需要找到以下問題的答案：**哪些人有勇氣完成魔鬼訓練？我要如何判別一個人是否擁有一定程度的心理韌性？為何有人準備多年卻在訓練的第一天就放棄，又為何有人能笑著過關斬將？**於是，我請教一名海豹部隊的高階指揮官兼海豹部隊家庭基金會董事，海軍特戰司令部是否研究過最有機會出線的甄選者，以及研究如何解釋他們的心理、情緒、認知與生理特徵。訓練流程包含一年以上的嚴格培訓，並且以高淘汰率讓人退避三舍。光是被訓練營錄取就表示有一定的競爭力，更不用說極少數

能結訓的人，能被稱為「袍澤弟兄」。在所有參與培訓的優秀學員中，只有 15% 的人能拿到三叉戟徽章並分配入隊。而入伍後訓練制度（生活型態）會變得更加嚴厲，這部分我們之後會再提起。

海豹部隊高階指揮官回覆了我的問題，海軍特戰司令部已在人才研究上投入相當豐富的資源。他告訴我的，並非眾人會期待聽到的答案：敘述關於明星運動員、頂尖學者以及好勝的野蠻人。當然，運動能力和智力都很重要，但有更多更深層的原因：勇敢、心理韌性和將海豹部隊任務視為第一的高度熱情。實際上，在 2005 年才訂立的海豹部隊的精神宣言的第一段，寫著相呼應的數據與成功的法則：

> 在戰爭或動亂時期，有一種特別的戰士準備好接受國家的召喚。他是凡人卻對成功有著不凡的渴望。歷經逆境鍛鍊，他與美國最精良的特種作戰部隊並肩，為國家、國人服務，捍衛他們的生存方式。而我就是那個戰士。

他是凡人卻對成功有著不凡的渴望。歷經逆境鍛鍊。經深思熟慮，我將指揮官告訴我的法則簡化為三個 P：**毅力**（Persistence）、**目的**（Purpose）、**熱情**（Passion）。

當然，你必須具備絕佳的體能，達到學術能力的要求，才能被

選進培訓。但這些特質在最初幾週的基礎水下爆破訓練都變得不那麼重要了，艱苦的漫漫旅程才剛要開始。達到任何崇高的目標或克服生命中看似難以解決的挑戰都需要毅力、目的和熱情。三個 P 可以幫助你做到必要的情感連結、獲得高成就，像是成為海豹部隊成員，進入哈佛大學，或對抗癌症。

我現在是引路領導力公司的創辦人兼執行長，我們和客戶合作，提出關於領導力、組織成長的行動計畫，幫助客戶打造出高效能文化。在我們的領導力發展計畫，其中一個模組在說明如何建立自己與他人的心理韌性。我們將心理韌性的定義分成三大類：

1. **挑戰**：具備心理韌性的人會將難題視為挑戰，他們會檢視過去的失敗與錯誤，從中學習，作為成長的機會。換句話說，因為他們挺身前進，所以比其他人更善於擁抱逆境。

2. **承諾**：具備心理韌性的人致力於他的人生和目標。他們每天早上都以有力的理由說服自己起床。他們不輕易被與他們追求的結果無關的「機會」阻撓或分心。

3. **控制**：具備心理韌性的人將時間和精力用在專注於能夠控制住的情況和事件。正因為他們將努力都用在自己能夠影響最多的地方，他們可以感受到賦權與自信。

我們也會教卡蘿・杜維克博士的那一套理論：「定型心態」和「成長心態」。杜維克博士是史丹佛大學的路易斯及維珍尼亞・伊頓心理學教授，以研究心態的心理特質聞名。她在 2004 年獲得史丹佛大學聘任，在那之前，她曾在哥倫比亞大學、哈佛大學和伊利諾大學任教。根據杜維克博士的假說，成長心態的人相信聰明與天賦會讓學習的起跑點略有不同，但我們可以藉由努力付出習得最基礎的能力。這個觀點傾向支持學習、韌性，它們之於重大成就是不可或缺的。

「定型心態」和「成長心態」可以進一步分成五大類別：才能、挑戰、努力、反饋、挫折。如下表所示：

	定型心態	成長心態
才能	・是與生俱來的 ・無法使之進步	・是努力的成果 ・永遠有機會進步
挑戰	・要避免面對挑戰 ・會顯示出我的能力不足 ・傾向放棄	・應該要接受挑戰 ・提供我成長的機會 ・讓人堅持不懈
努力	・不會帶來理想的結果 ・只為了彌補自身不足	・很重要 ・成為專家的必要過程
反饋	・築起防禦心 ・容易往心裡去，認為是對個人的攻擊	・是當務之急 ・對學習很重要的 ・指出需要改進的地方
挫折	・老是怪別人 ・心灰意冷	・提醒自己的警鐘 ・可以修正學習方向

我們深陷定型心態時，會認為我們的才能是天生賦予的；我們不惜一切避開挑戰；不將反饋視為對學習有用的資源，反而是將之視為個人攻擊；挫折是因為有外在因素，且會讓人灰心喪志。

成長心態是心理韌性的基石。有了成長心態，人們會了解努力與付出會帶來才能與成功；不安於現狀、帶著成長心態的人能安然面對成長帶來的不舒服；真誠的反饋不僅被接納，更被渴望；挫折不過是障礙物之一，更能推進人的成長。

擁有成長心態，對於承受海豹部隊訓練之苦、卯足全力獲得優秀表現是必要的。它在我們遇到出其不意的飛來橫禍時，亦或是在任何領域中獲得成就、獲得領先地位時，扮演著重要角色。我就讀南美以美大學時期，我是斐‧伽馬‧德爾塔兄弟會成員，我知道你對兄弟會很有意見，但請忍受我片刻。我們在每週一晚飯過後的時間舉辦週會，地點在兄弟會會所三樓的一間房間。每晚，在週會結束前，我們會朗誦前總統卡爾文‧柯立芝的名言，關於堅毅的價值：

> 世界上沒有其他品格可以取代堅毅。天賦不能——有才幹卻不成功的人比比皆是；天才不能——被埋沒的天才處處可聞；教育不能——世界充斥著受過教育卻被社會遺棄的人。唯有堅毅和決心可以使人出類拔萃。

多年後，我得到一些影響深遠的人生經驗，我開始從事師徒計

畫，找出最有毅力、有目標、有熱情的年輕人，他們不只願意擁抱逆境，更是渴求逆境的到來。尤其是當 BUD/S 學員尚未通過惡名昭彰、如滾燙熱鍋般的考驗（它更貼切的別名是「地獄週」）時，這項特質難以衡量。

藉由問對問題，深入理解他們的目的，我能夠找出擁有這些特質的學徒。至今，我收過的學徒都成功晉升海豹幹員。我無法對他們的成就邀功，因為他們的成就所需的堅毅力，完全是自發性的。

有趣的是，學徒中沒有人是大學田徑明星選手或奧運泳將。但他們每一人都對任務有很緊密的連結，並且對當兵這件事滿懷熱情。如此高水準的連結和熱情能夠幫助他們在最糟糕的時刻堅持不懈。我最近收的一名學徒和我擁有十分相似的人生歷程，只有一件事不同。他在加州聖塔菲牧場出生長大，離我的現居地只有五分鐘路程。他的第一份工作也在金融領域，只為了轉換他想成為海軍特戰隊戰士的目標。聽起來很熟悉吧？接著，最可怕、最難以預料的事發生了，就如大衛在推薦序中提到的，那名學徒在報到基礎水中爆破訓練前一週，他的母親猝死於腦動脈瘤。他將悲憤化為力量，風雨無阻地繼續受訓，挺過訓練流程，還收到海豹三隊的徵召，成為蛙人，能夠與敵軍一較高下。

沒有任何逆境，世上就不存在偉大的事物。只待在舒適圈，就不會看到美好的事物發生。無論我們談論的是升官、搶救岌岌可危

的婚姻、掌握某項運動、建立或經營小公司、對付大規模傳染病、對抗疾病、克服喪失至親的痛、養育孩子或打擊恐怖分子，這些事情多少會帶來磨難，這就是我們付出愛與努力會有收穫的原因。我由衷希望這本書能帶給讀者對生命的鬥志和鼓勵，讓你們能夠擁抱逆境、堅持奮鬥、活出精彩的人生。

第一部

擁抱人生逆境

我們必須接納痛苦，將痛苦化為人生旅程的動力。

——宮澤賢治

第一章
痛苦是必經之路

痛是難免的，苦卻是甘願的。

——佛家箴言

伊拉克，費盧傑

1:37 AM

我們永遠不會忘記戰區的惡臭，這座城市帶給所有相關人士無盡的痛苦與磨難。

我們組成的小型悍馬護航隊緩慢地行經農村地區，每位幹員都十分警覺，檢查每個角落、每個屋頂是否有敵軍威脅。我們開啟夜視鏡，關掉車頭燈，在黑暗中行駛。五分鐘前，我們的突擊隊在預

定的地點會合了，那裡只與我們的高價值目標所在地距離半英里，他似乎就藏身在城外高級地區的兩層樓別墅。我們的人馬，有四輛滿載海豹幹員的悍馬、一輛黑色休旅車載著足智多謀的合夥顧問，還有陸軍作為我們的掩護（他們負責封鎖該區，不讓任何人有機會進出）。

每輛車都配有兩名海豹幹員，分別坐鎮左舷和右舷的踏板和階梯，後頭另有突擊手，隨時準備快速下車。我的位置在第二輛車的左舷，右手緊抓繫在車頂的尼龍繩，左手緊握木梯。我的 M4 卡賓槍緊緊綁在胸前。夜視鏡產生的綠霧畫面，讓周遭環境看起來超現實。這個情報使我們起疑，因為提供情報的人看起來神情緊張，又時常改變他的說詞。我們全員都處在高度警覺的狀態。煞車的尖銳聲響劃破寂靜，車隊停駛，我們迅速下車。排長透過廣播指示我們：「鎖定的房子就在這條路上往前五十公尺處的右側。」突擊隊下車，駕駛及槍手跟隨在我們之後，作為快速應變小組，以應對局勢不利的情況。我們靜悄悄地在泥土路上移動，消息來源告訴我們在房子的四周有牆，為了翻牆，我們八人扛著梯子前進。我們在抵達目標地址之前緩下腳步，發現有不對勁。「搞什麼鬼，房子周遭根本沒有牆。」我們之中的核心幹員大聲耳語：「快丟掉梯子。」

我們快速排成完美的突擊陣型，由那名核心幹員領頭走向主要出入口。這個房子看起來不像民宅，更像是小型的堡壘。一個接一

個，兩名幹員爬到門口，其他幹員在房子外牆排成堆疊隊形。核心幹員的一人試著要開門，他說：「門鎖著，使用爆破！」

　　他從裝備組合中拿出一捆 C4 炸藥並組裝，另一名核心幹員則是將卡賓槍對準門口，我和同隊其他人一同等待，因為濕氣及厚重裝備，汗不斷地從我的背脊滲出。將爆炸裝藥裝好在門上，他倆快速後退到我們等待的位置：「爆破安置完畢。三、二、一、啟動。」

　　砰！

　　爆炸裝藥將木門炸成三塊，燒焦的木屑和金屬往四處飛散。我們穿越冒煙的出入口，一個身材魁梧的男人直衝向我們。隊形中的前三人立刻開火，我們用消音短筒 M4 步槍的數發子彈就把他擊倒。如同大多數中東的敵方目標，屋內總會有幾個平民、婦女及兒童。兩發子彈飛過男人的右側，打中他妻子的臀部。我們無法在戰鬥打贏前提供任何醫療協助，我們需要更加緊腳步，每個幹員都踩過大量的屍體，從左右兩側進入建築，這間房子和提供情報的人所描述的完全不一樣。我們發現自己並非位在客廳，而是在一個開放式的庭院，旁邊是一幢有多個房間的雙層建築物。我們瞬間變得勢單力薄，加上鳴槍，現在變成棘手目標了。

　　我和兩名幹員跨越庭院的西南方往門口移動。突然出現一個沒有武裝的役男，瘋狂地朝我們走來。隊友用消音步槍的槍口朝他的胸口刺去，他立刻墜倒在地。我撲向他，快速取出裝備中的塑膠手

銬，將男子上銬。

我們的指揮官在指揮路線，他說：「就放他在這，維持南邊的安全。」我迅速跑向敞開的大門，用武器對準門口。接著換到門的左側，以讓我能在踏進門前好好檢視每一個房間。我移動到門口，等待著有人擠壓我的肩膀，這個動作是隊友準備好加入我一起行動的暗示。但我沒有等到任何擠壓的動作，每個幹員都還在戰鬥。一個男子從黑暗中出現，拿著 AK-47 指著我。我馬上行動，用兩發子彈射向他的胸腔，一發射向他的鼻尖。他一個踉蹌倒在我的腳下。我將夜視鏡往頭盔上掛，往下一看，他的下巴已被打碎，年紀看起來不超過十九歲！「見鬼了！這白痴雜種！」我面色鐵青，納悶為何他需要讓我下重手？

幾分鐘後，目標已排除危險，我們開始搜尋新的情報。我們的軍醫立即前去治療那名受槍傷的婦女，其他海豹幹員用無線電聯繫救傷直升機。我們將敵人的屍體放進屍袋，裝上後車廂。隔天，我們接到那名婦女平安無事的消息。

那晚在營地，我將頭埋在枕頭裡，腦中充滿痛苦及不解。我回憶起在海豹訓練的初期：訓練是多麼駭人，需要多麼強大的堅持，才能讓我熬過每天上演的體力和情緒的挑戰。那時的我，尚未了解戰爭的邪惡正潛藏在角落，會需要比受訓時更上一層的堅韌。

★★★

　　我們每一人驅動韌性的原因是非常個人的。我們的熱情和目標是由各種事件、經歷、信仰、價值和外在因素累積而成。諾曼‧加梅茲，明尼蘇達大學的發展心理學家及治療師，在四十年的研究生涯中接觸過上千名兒童。但其中有一名九歲男童最受矚目，他有個嗜酒且患有思覺失調症的母親及不曾出現的父親。他每天帶著棕色午餐紙袋出現在學校，午餐永遠都是相同的三明治——沒有包任何內餡的兩片麵包。事實上，他的家裡沒有其他食物，家裡也沒有人有能力幫他準備更好的午餐。即便如此，這個男孩不想受到他人憐憫，也不想讓人知道他的悲慘處境，所以每天每天，他都會帶著微笑、手臂夾著紙袋裝著同樣的三明治來學校。

　　這位帶著三明治的男孩屬於特殊兒童組，他所屬的這群孩子是最早期的受試者，日後被加梅茲歸類為即使在極其艱困的情境下仍能成功，甚至成為菁英的人。這群孩子展現出一種特質，這種特質之後被加梅茲稱作「堅毅」，他也因為在實驗環境中研究這個理念而廣受讚譽。多年間，加梅茲參訪美國各地的學校，特別是經濟弱勢的地區，並遵照一種標準作法。他會與校長面談，並找來學校社工或護理人員，問他們：貴校是否有學生的家庭狀況亮紅燈；是否有的孩子看起來很有機會成為問題學生，最後卻驚人地成了學校的榮耀？在 1999 年的訪問中，加梅茲提到：「如果只問貴校有沒有

問題學生，校方的回答絕不會有任何遲疑；但如果問到有沒有即使出身低微但適應力強且表現優秀的學生，這是一個全新的問題，也就是我們開始的地方。」

「堅毅」是許多心理學家的難題。因為一個人是否被認定為堅毅性格無法經由特定的心理測驗判斷，而是由他的生活方式來分辨。如果你很幸運（或不幸）從來沒有遭遇任何困境，那麼你就無法知道自己是否堅毅。唯有遇到困難、壓力或任何外在危險，才會顯現出你是否具有堅毅的特質。選擇向逆境屈服，或者克服逆境？

地獄深處
2001 年 3 月，加州科羅納多
12:04 AM

我從冰冷的泡沫中抬頭、猛烈地喘氣，水面溫度只有將近 13℃。鹽水摻和著鼻涕從我的鼻孔流經嘴唇和下巴。因為長期被太平洋的海水洗劫，我的眼鼻在燃燒。兩輛白色福特 F-150 卡車的車燈照向我們，使人眩目。我抬頭看了一下，注意到白色高樓上的高級公寓散發出溫暖的光芒。海水的鹹味飄盪在寒夜的空氣中。

BUD/S 235 班的地獄週才經過四個小時，這殘酷的考驗令大多數的學生在這關被淘汰。我們漂浮在衝浪區，手臂環環相扣，腳朝向海灘。我們無法停止發抖，形成絕望抽搐的奇妙人體鏈。教練

要求我們做出「搖搖椅」，整班學生往水中下潛 0.3 公尺，大家一起頭下腳上踢水，不停前進、後退直到教練喊停。這項訓練迫使我們的頭以倒立方式在水下，讓鼻腔灌滿海水。

我們穿上迷彩戰鬥服，套上 Bates 黑色軍靴，橘色救生衣，Pro-Tec 黑色頭盔。我的左手肘有細微骨折，因滑囊炎引發嚴重腫脹，雙腳的髂脛束因過度使用而受傷，右腳小腿還感染食肉細菌。對了，我還沒說那時正下著雨，聖地牙哥極少下雨，但顯然，老天嫌不夠精彩。天父說祂需要危險的蛙人，所以只能用逆境去打造一個。大衛‧果金斯的祈禱成真了。正如海軍海豹突擊隊精神所言：「我的國家希望我的身心都比敵人的更強。」站在一旁的教練對我們喊話，我永生難忘：「各位男士，承受所有的痛苦、顫抖和寒冷，讓它們成為你的鬥志，驅使你行動。」

四小時前，地獄週的開訓儀式開始了。到那個時間點，班上有一半的人已經放棄了。地獄週開始後的幾天，還會有更多人離開。在地獄週前的日子也不好過，班上多數人在進入地獄週之前就已經生病或多處帶傷，或兩者皆有。在週日晚間的痛苦行程開始前，你早已進入悲慘的狀態，不抱一絲期待。週日早上，在大教室的小組報告只提到一小部分的須知事項。地獄週首日的美妙在於你渾然不知何時會進入最精彩的階段。壓力與焦慮正在啃噬你的內心深處，毫無預警的，開訓儀式開始了，這個活動像是旋風般炸開，教練群

聚在你周圍，邊發射 M60 機槍，而且是貨真價實的開槍，只不過用的是空包彈。你還會被消防水帶的水柱攻擊，四處都是煙霧彈。在濱海的高聳公寓大廈的住戶眼裡，看起來就像一場真實而猛烈的戰爭開打了。

教練大聲疾呼命令「用熊爬爬到衝浪區，把自己丟進水和沙堆中！」「船隊隊長，報數！」「100 下波比跳，動作！」現場超級混亂。經過幾個小時的瘋狂，整班前往海灘接受「淺灘煉獄」。就像搖搖椅動作，同袍們手拉手走進海裡並躺下。相對於充滿火焰和硫磺的真實地獄，教練們要確保學員整個地獄週都處在極冷、極濕且極髒的狀態。我們班很榮幸能在冬天度過地獄週，忍受科羅納多 13℃ 海水，你懂我的感受嗎？那實在是太棒了。每天 24 小時保持又濕又冷的精神虐待讓很多學員選擇放棄。

地獄週開始的數小時內就看到學員放棄是司空見慣的事。我很樂見他人主動放棄，因為從數字上來看，我成功的機率變大了。整整六天，你只有短短數小時的睡覺時間，即使獲准睡覺，你也無法好好入睡，因為當你停止運動，肌肉會瘋狂抽筋，你甚至無法想像自己是否還能再運動。但你會快速學會將心智作為有力的工具，只要我們懂得如何控制它。

地獄週的所有安排都是為了測試你的身心堅強程度。你會到處爬行、奔跑、埋進沙土、皮開肉綻。等同於你跑了多場馬拉松；在

冰冷的海水中游了幾十英里；帶著沉重的木頭、小船和背包奔跑。一切都是競賽。如果你不全力以赴，教練就會打你屁股。也就是說，如果你的船員沒有先準備好，等待你的將會是永無止境的體能操練，加上教練會每分每秒在你耳邊逼你放棄：

「拜託，格里森！你不屬於這裡，你不是這塊料，快跳上車，我們準備好毛毯和熱可可等你。」這些話有如希臘神話中的美麗海妖，誘惑水手投海，而水手們終會因她而死。一小時後，自願放棄者的身體恢復溫暖、乾爽，那時他們就會感受到強烈的悔恨。

這之中唯一能不運動的時間是放飯。可能是在食堂吃飯或是在衝浪區吃冷冷的即食品──MRE 口糧。有時我們還會將 MRE 附上的無燄加熱器塞進衣服裡，使自己溫暖些。這件事要是被教練抓到，他會要我們把整週的無燄加熱器都交出來。BUD ／ S 學員愛耍小聰明！

帶領我們撐過地獄週的是心態、決心、班長的領導力，還有前面提到的三個 P。我們的班長，也是成績最好的軍官，他是很好的典範，具備堅強、紀律和同理心。班上的人都很嚮往班長約翰。他有著正向心態，而且天生就善於激勵我們撐過每天要面對的痛苦。地獄週的第一天，週日下午，班上的人各個心懷恐懼，他為大家朗讀莎士比亞《亨利五世》中的聖克里斯賓日演說。這個演說對我有著多重意義。我在大學三、四年級時擔任橄欖球隊隊長，我們將這

個演說的引文印在球隊 T 恤的後面。

約翰大聲朗讀演說中的名言：「從今天起到世界末日，聖克里斯賓節日永遠不曾輕易度過而不憶起我們；我們這幾個人、我們這幸運的幾個人、我們這一群弟兄，因為凡是今天和我在一起流血的就是我的弟兄。」

四天後，約翰過世了，他在水池中因為嚴重的肺水腫而溺斃。他被安葬在羅斯克蘭斯堡國家公墓，他永遠會是我的弟兄。這是我參與的第一場海軍喪禮，我沒料到這將會是眾多喪禮中的第一個。他在地獄週使用的船槳高掛在我的辦公室牆上，我嘗試過將它還給他的家人，但他們禮貌地拒絕了這份心意。這份遺物代表著一個人能為海豹部隊服役所做的終極犧牲的永久證明。若有個目標被成功達成，這事背後往往有著更大的犧牲。

★★★

在看似無盡頭的「淺灘煉獄」之後，夜晚的第一個變化型是「石頭搬運」。我們划著黑色橡皮艇渡過八尺高的大浪，往北移動至知名的科羅納多酒店附近的海灘。這部分已造成我的多名同學重傷。如果你時機不對或是和你的船員沒有同步行動，海浪就會打翻整艘船，讓學員們像布娃娃般肆意散落在暗洋中。

漁夫知道大海和暴風雨的可怕，但是他從不認為這些危險足以阻止他航向大海。

——文森・梵谷

從海灘上的路人眼中，這個畫面看起來要不很嚇人，要不很荒謬，取決於每個人的心理詮釋。然而，從遠處無法看到的是，槳柄打碎牙齒，手肘擊中顴骨，一名學員的頭盔撞斷另一名的鼻梁，船還會將學員拖進水裡持續好長的時間。我們為何要往科羅納多酒店划行？當然不是為了有可愛裝飾的雞尾酒、有含按摩、泥膜護膚的 SPA 療程（雖然我褲子裡的泥沙也在幫我做去角質煥膚，但程度有點過頭）。如果你曾去過科羅納多酒店，你會想起在酒店最南邊的海灘有著總長將近 70 公尺的巨大鋸齒狀岩群。一切就像上帝最調皮最有計謀的安排——將這些巨石放在這個位置，簡直就是為了海豹部隊訓練而設的。往其他方向去則是一大片平坦的白沙灘。在過去的幾週，我們又是跑步又是游泳，一輪接著一輪，隨著你在 BUD/S 的每個階段有了進步，你得用愈來愈少的時間去完成 6 公里的跑步和 3 公里海泳。

到了「石頭搬運」，教練會用一種很精湛的技巧掌握潮起潮落的時間，能夠剛好地找到浪最高的時機，強力打在岩石上，你甚至能在酒店的房間內聽到海浪拍打聲。「石頭搬運」關卡的目的是要

我們划船划過衝浪帶，將我們一百多公斤的船停靠在岩石上，並順利將船扛到沙灘區，每位船員都要在場且有出力。對於白天的路人而言，那些石頭看起來沒那麼嚇人。在石頭周圍，有一些歡樂的青少年在攀爬、有一些快樂的情侶在自拍上傳 Instagram。但是對於水中的 BUD/S 學員，伴隨著深夜的大浪，像極了夏威夷摩洛凱島的卡勞帕帕崖。在 Google 搜尋一下你就知道了。

我們 2 號船隊，我的船員漂浮在衝浪帶旁等待好的上岸時機。每艘船載著六名學員和一名長官（也是領隊）。我們船隊中有兩名我人生中遇過最強壯的硬漢——大衛‧果金斯和德魯‧席慈（Drew Sheets）。彈珠大的雨滴在我們的頭盔和橡皮艇的硬橡膠上彈跳著。雲開月明，導引著我們走向可能的危險。就好像是條光線充足的道路，但道路的終點是滅亡。唯二取暖的方式是划船時打冷顫和尿在褲子裡。對，你沒看錯，溫暖的尿液可以讓我們感受到十秒鐘的偉大幸福。這大概就是所謂的小確幸，是吧？

「就是現在，快上！」我們的領隊突聲大喊。我們以猛烈又帶點謹慎的速度衝刺，試圖趕上適當的浪高。太小的浪，會讓我們降落在石頭底部，等我們要往上爬的時候又會被後來的大浪給淹沒；太大的浪，會讓船隻整個失控，我們會因為重力加速度，摔落石堆中粉身碎骨。我們趕上了中型的浪，讓船隻得以停在某個巨石的邊界。船員中的兩人躍出，抓好繩子，讓船隻穩定立起。在混亂中，

我從右手邊看到一位朋友，因為他的船隻撞上石頭而被甩了出去。他卡在兩個石頭中的隙縫，上半身朝下埋在水中，下半身在水上。我後來才發現他瀕臨溺死、斷了手臂和鎖骨。但我那時無法為他做什麼，我還有自己隊上的事要擔心。我們扛起船隻，走向教練準備好的下一個操練關卡。

有些想要夜遊的酒店房客會出來看我們的好戲。教練、受傷的學員、海軍醫官用黃色警戒布條和橘色安全島將此區封鎖，看起來就像來到犯罪現場。對於參加者來說，也真的是這麼一回事。差別在於，我們是自願來受罪、來自討苦吃的。當晚有兩名房客，他們是我的父母，他們並不是來這找樂子，他們是來看寶貝兒子受苦。我母親事後形容當下就是一場真實的恐怖片。她只看了幾分鐘就躲回高級客房的懷抱，我並不怪她，她甚至看不下去我的大學橄欖球隊比賽，因為我在前兩局就受了好多傷。

另一件讓我學到的小知識是岩石有的極度多孔特性，有如銳利的珊瑚。基於腎上腺素的關係，當時你並未察覺，你緊張地爬過岩石並搬運很重的船隻，小而鋒利的石頭邊緣刮過你的手掌、手腕，而你長期泡在水中的皮肉變得又軟又脆弱，後果就會像一個邪惡的樹精揮舞著迷你冰淇淋勺子，復仇似的往你的皮膚挖掘，又小、又深、又流血的坑洞出現了，我們這群人經過很多年，都還留有這樣的疤痕。

★★★

「男士們！接受所有的痛苦、顫抖、苦難，讓這些作為氣魄，鞭策自己。」教練以平靜的口吻，對著擴音器呼喊。

我的反應很激烈，我還在衝浪區做搖搖椅。接著，一陣無敵強烈的憂鬱感襲來。在週五下午到來之前，難以消化的痛苦會每天24 小時跟著我，而且只會隨著日子增加，痛苦愈來愈多。家好像是離我們很遙遠的記憶了。

我們能看見黑暗結束後的曙光嗎？就連一點微光都沒看見。假設你不住在可以好好保護你免於遇上生命苦難的山洞裡（雖然住在山洞也挺難熬的），我相信你一定遇過以下這件事：你試圖理解一個很艱困的處境，但你的腦袋就是無法跟上，就像我叫我的長子放下《要塞英雄》，去做家事一樣。

那一刻，我瞬間學會了簡單而美妙的答案：

放棄吧！

別再奮鬥了。

擁抱痛苦，

求得更多痛苦，

改變心中的聲音。

當你正在埋頭苦思一個讓人不適的狀況，接下來的事就會發生：一旦大腦接收到輸入，突觸便開始傳遞離子，並尋找已存在的受器放進新的輸入，如發聲困難、骨折和食肉細菌。但在這種情況，沒有地方可以放入新的離子，因為這是全新、不熟悉的輸入，找不到適合的接受器。因此，大腦變得非常、非常難過。這些新的輸入像是你手上的沙子，或覆蓋在你全身、你的大腦任其流逝，造成理解力困難。

這時刻，「擁抱逆境」的思考方式油然而生。我不僅僅屈服於現實，還去擁抱它。這非常鼓舞人心（或許只是因為我進入酒醉失溫狀態，但你懂的），正如我在衝浪區與弟兄們並肩漂浮，冷得直發抖，我提醒自己這是我的選擇。我犧牲了我的全部——一份待遇還不錯的工作、舒適的公寓、與家人朋友共度的時光。我在這裡突破舒適圈，只為了被錄取；這種折磨是有目的性的，它有意義、有遠大目標、有服務的心；如果我不為它挺進，我就會一無所有。

靜下心去做就對了，你有資格留在這。你還有很長的路要走，所以要擁抱那些糟透的爛事、做好每件事。

懷有如此心態的人，最終會因為自己的努力得到成功。

心理建設

轉變痛苦的過程

　　研究受嚴重身心創傷的人的心理學家發現，遇過嚴重痛苦與折磨的人其實並不對此畏懼，他們大多數人認為他們因為這個經驗而得到實質的進步。很多人說他們因此打開看待生命的另一個視角，變得更有責任心、更堅韌、較不自私，甚至會更快樂。

　　波蘭心理學家東布羅夫斯基強調，恐懼、焦慮和憂傷並非不可取或具毀滅性的心理狀態，更可以代表導致心理成長的必要痛苦。避免痛苦就是在掐斷自身的潛能。你不可能不經痛苦就鍛鍊出肌力和耐力。這是一種痛苦的型態，能夠表示進步。同理，我們不可能不經心理痛苦，就培養出堅毅力。

　　我們可以說，沒有擁抱大量的逆境，我們就無法達到身心強韌的極致。就如海軍陸戰隊名將路易斯·普勒有言：「**痛苦會趕走軟弱。**」

　　這句名言被世界各國的橄欖球球員所尊敬。在橄欖球賽前，我會找一個隱密的地方，拿出我兒時收到的聖誕節禮物，一把巴克刀（對，這就是德州人會送的聖誕禮物）割我的大腿，我將血抹在臉上，準備迎戰，之後包紮好傷口，走去球場暖身。我知道你在想什

麼：布蘭特，你有什麼毛病？如果我離開球場時沒有帶大傷，或給敵人一點苦頭，我會責怪自己沒有盡全力。經過八次腦震盪、三顆斷牙和一次地獄週，我發現我對疼痛的忍受力（或享受程度）對我有益。

改變對逆境的看法，是建立堅毅力的開始。事實上，痛苦可以成為助力，幫我們完成壯舉，不但能幫我們看得更高更遠，也能幫我們打造身體和心理的堅毅力。一旦你能夠掌控來自各種形式的痛苦，抑或是主動迎向它，痛苦就不會造成太大的傷害。

痛苦不會傷人

我通常不會向派屈克‧史威茲尋求的人生建議，但是他在八〇年代的電影《威龍殺陣》（*Road House*）中飾演達頓，這位主角完美呈現了「**痛苦不會傷害人**」的心態。達頓是一名有著博士學位，擅長跆拳道功夫的專業保鑣，他被邀請去改造地方酒吧。我猜有點類似長紅的電視節目《拯救酒吧》（*Bar Rescue*）。達頓被稱為「冷酷男」，是個有著神祕過去的保鑣專家，他從紐約市的酒吧被挖角到密蘇里州傑斯帕縣狂野又嘈雜的 22 夜店。一名貪腐又無所有權的當地商人派他的蠢蛋小弟去奪回這間夜店。

達頓在新職場再次捲入刀槍紛爭，結束後要去醫院縫合傷口，醫生出現了。她身穿白袍，頂著厚瀏海和金色捲髮。醫生檢查達頓

身上的多處傷疤，疑惑地皺眉，問他是否需要局部麻醉。

他用南方口音回答：「不了，女士，謝謝。」她接下去問：「你喜歡疼痛嗎，達頓先生？」他以名言回應：「痛苦不會傷害我。」

痛苦、傷心、悲劇——就像是在劣質酒吧裡被憤怒的醉漢捅了一刀，我們從沒想過會發生。但人生中多數的磨難是無法預料的，我們愈是肯定地朝著痛苦、失去、失望走去，我們就能愈快從這些經驗中學習並前進。當然，有些逆境我們永遠無法真心擁抱它，像是父母、朋友、孩子和配偶的離世。但即使在失去至親的日子，我們仍有辦法為生命喝采、找到幸福。重點不在痛苦本身，而在我們承受痛苦的方式和原因。更重要的是，我們能從中得到什麼。我會在本書的第七章提到更多。

有時，痛苦和逆境會帶來很多新的機會，像是遇見金色捲髮美女醫師、贏得橄欖球賽、撐過地獄週、拿到運動方面的輝煌成就、成功改造企業、打敗國家的敵人、得到夢寐以求的工作、找到人生伴侶，諸如此類。

我現在問你，你何時在舒適安全的小窩裡幹過任何大事？

沒有。我想我們都有相同的答案。

我們都明白，當代文化吹捧冒險家，我們都渴望社群網站上激勵人心的貼文，好讓我們的腦袋受到鼓舞。就像大衛‧果金斯讓你知道自己是個總是抱怨無聊小事的孬種！我們也清楚自己對承擔風

險（經過權衡的風險，而非盲目的風險）的接受度，會長足的影響
遇到嶄新機會和美好未來的可能。但我們實際上做了什麼？我們待
在安全、舒適的小圈圈裡，透過其他更大膽的人物替代我們生活。

　　這是為什麼？因為人類的直覺會避開危險，為了要保護我們不
會被尖牙大貓吃掉或被一幫有侵略性的戰士攻擊，正是這個直覺讓
我們無法承擔新的風險。走出舒適圈，冒險吧！嘗試新的事物。走
向可怕的大千世界，說你才不怕咧！對生命中好的、壞的、醜陋的
都給予正面回應。

　　你知道嗎？比起過去的世界，這世界已不可怕多了。不過，還
是一直會有無端的暴力和磨難。戰爭永遠都在；外來的、本地的恐
怖主義並不會在一時半刻消散；世界級的流行性傳染病仍會帶走許
多生命和工作。但是某些事的發生，像是被海盜倒吊在船上拷問、
被施火刑、被長毛象踩死，或被一群憤怒的暴民擄走，跟過去的世
界相比，已經少了很多。

　　雖然尋歡作樂和逃避痛苦是我們的天性，在人與苦難的關係
中，文化扮演著重要角色。在西方文化，我們通常會逃避痛苦，將
之視為妨礙我們追求快樂的討厭事物，所以我們會與之對抗、壓
抑、治療，甚至找出權宜之計來擺脫痛苦。不過在某些文化，尤其
是東方文化，認為痛苦在人生通往開悟的曲折道路中扮演要角。即
使我們知道苦難會帶來好處，也不表示我們必須主動求取它，譬如

生病會強化我們的免疫系統，但我們並不需要找機會得病。理所當然地，我們會找尋快樂，盡量減少承受痛苦，但痛苦總會找到我們。

所以該如何引導情緒的、心理的、生理的痛苦，使其作為通往成功之路呢？跟隨「痛苦是必經之路」心理模型（如下表）就對了。

行動	過程
好好面對你的痛苦和情緒	人類做過最大的錯事就是隱藏情緒和否認自己的真實困境。這個行為會適得其反，並成為未來的隱憂。每當任何情緒來臨時，感受它。哭泣吧！尖叫吧！盡量哭吧！但還是盡量避免在公共場所（或在海豹部隊訓練營中）。剛開始臣服於此行動，將會需要花一段時間。感受是人類的一部分，擁抱這件事吧！
挑戰你的視角	逆勢不會永存，因此有句話說：「一切都會過去」。當事情看似無止境、鋪滿荊棘、通往地獄的滑水道，我們仍有辦法看往正面，而非負面。視角對於接納心態是很重要的。我們的大腦有時會是惡劣的破壞王，我們必須退一步，去重新檢視我們既有的思考模式。問自己：什麼是我現在遇到的壓力和挫折的根源？我現在的視角是否貼近事實？它能解決我遇到的困難嗎？還是說，有很不一樣且更有產值的另一個視角嗎？
結交有正向影響力的良師益友	在困難的時節，你會發現，有些人值得信賴，有些人則不。藉著這個機會斬除那些會扯後腿的朋友。向你愛慕景仰的朋友或長輩身上找尋靈感。倚靠家人和朋友。如果你沒有任何可以依靠的對象，那麼可以去找治療師。如果以上都沒有用，請去建立新的正向連結。看在神的分上，請離開那些不希望你變好的負面魯蛇友人。

行動	過程
保持（或變得）積極，遠離消極心理應對機制	在你無法掌控的事物費心是不切實際的。比起為此浪費時間，你更應該在日常生活中變得更積極。可以培養長跑、游泳、單車或武術，甚至是以上全部，並且持之以恆。身體健康是決定你能否擁抱逆境的關鍵力量。同時，如果你正在對抗憂鬱、傷心或怒氣，請遠離酒精或任何會加重你的傷痛的物質，那些物質會讓你誤以為自己可以麻痺傷痛，但其實你是在增加傷痛的強度。那不是你的人生路上所需的能量。
理解「壞事不過三」	假設你一早起床，一樓的浴室淹水淹到整層樓都是；收信時看到你最大的客戶跟你解約；過後，健康檢查時醫生說你可能得到前列腺癌。你心想：「這是真的嗎？太鳥了吧？！」科學家研究為何壞事總是成三？事實並非如此。人類會在隨機的資訊中看出規律，得以從混亂中找到秩序。這就是「確認偏誤」，是個人選擇性地蒐集那些可以支持自己既有想法或假設的資訊的傾向，無論資訊是否為真、是否有關。尋找規律及合理化所有事的人類天性會扭曲事實。
接受、原諒	對於自己或他人抱持仇恨、怨念只會害死自己。你會恨殺死你戰友的敵人、恨前妻與她的辯護律師、恨撞死你姊妹的酒駕犯、恨武漢肺炎、恨美國國家稅務局、恨癌症和所有事。這種情緒會使你困在過去，讓過去的事定義今天的你。放手、放下、後退一步。當你這麼做，你會感受到身上的重擔變輕了，讓你有新能量去追求正向的新目標。這事說來容易做起來難，並非一朝一夕就能達成。真正學會放下的唯一方法就是讓時間為你治療。時間到了，心態對了，你自然會知道。

要能接受生命必定會給你重重一擊，便是你成長的開端。我們只要期待打擊的出現，一直想著逃避困難和痛苦只會對你有害。生命如此短暫，你擁有的每個經驗、每個時刻都很寶貴。我們來較量，你是否能在最糟糕的情況仍拿出最好的表現。像我一樣，你也能感受到從中得到的能量、智慧和力量。

好極了，然後呢？

正讀到這裡的你，或許心裡想：去你的作者，你又沒有經歷過我的艱難。你想得沒錯，我寫這本書並不是為了炫耀我所知的一切或是我經歷過所有生命中會出現的困難。我只想提供你一個人人皆能上手的工具，能帶領你度過黑暗與茫然的時刻。

我承認，我生長在優渥的環境。我從未被公司裁員、被暴力對待（除了海豹部隊的訓練和戰役時期），也未有重大疾病或傷害，那只不過是還沒遇到而已。不過，我見識過受戰爭摧殘的國家，我近距離、獨自奪取他人的性命。我有很多已逝的友人，車庫裡的軍用背包中放著染血的迷彩服，上面並不是我的血。我已經不記得好好睡過夜的滋味，我現在每半個鐘頭就會醒來，我知道這不正常。

因為配偶的藥癮和不貞，我經歷過一段可怕的離婚。直到遇見我現任的完美妻子之前，我是獨自扶養孩子的全職單親爸爸，也創立、經營兩家公司多年。誰知道接下來會如何呢？我也經歷過經濟危機，被創業壓力壓得喘不過氣；我人在非洲時養的小猴子在紙箱裡淹死了；當我在寫這本書時，我正在努力挽救經營的公司；在伊拉克值勤時，我不只一次患上嚴重腹瀉。跟你一樣，我也經歷過許多鳥事，而且我相信之後的人生還會有更多。

重點是，我們都有各自的人生旅程。帶著正確心態，好好利用痛苦，它便是一條可以帶你走向精彩絕倫的人生的道路。我們能做的就是在人生路上擁抱這一切鳥事。

幫助自省的問題

○我偏向成長心態，還是定型心態？

○回想過去一些生理或心理痛苦經驗，我當初有什麼作為？
我花了多久時間打理好？我可以有不同的作法嗎？

○我如何運用痛苦的經驗，作為自我成長的養分？

○我有變得更堅持嗎？有持續訓練大腦嗎？還是我依舊用同
樣的態度去應對逆境？

○我如何在人生中定時加入一點點有益處的痛苦？

○當我表現得超級堅毅時，我確切做了什麼？

第二章

即使拿到一手爛牌，
也要打出好牌

混亂之中，就有機會。

——孫子兵法

我 不太玩撲克牌，我知道更多更有趣的打發時間方式，而不是打牌輸錢。不過呢，玩撲克牌就是在分析機會。多數平庸的玩家並不了解這點，也就是為何他們的勝負總是取決於拿到的牌。大多時候，玩家輸牌認為是因為自己一直拿到爛牌。他們自認運氣不佳，即使拿到好牌仍被打得落花流水，或是沒辦法第一輪就拿到好牌。在這樣有瑕疵的遊戲邏輯裡，他們並未看出破綻。

將時間拉長來看，我們每個人拿到好牌和壞牌的機率是一樣

的，運氣是公平的。不管在牌局或在人生，用一手爛牌勝出是我們每個人都能做到的事。實際上，真正的贏家不會相信運氣。透過遠見、勤奮、準備、堅毅及適時修正軌道，我們能帶給自己好運。特別是當我們從逆境中捲土重來時。

　　除了無可避免的傷病以外，成功通過 BUD/S 並不是靠運氣。在進入海豹資格訓練（SQT，訓練管道的進階班）之前，BUD/S 的最後一個月，我們在加州海峽群島的最南端、聖克利門特島受訓，這座島，海豹教練以「沒人能聽到你尖叫的地方」來形容，由美國海軍管轄。可以說，這座島上有很多張爛牌等著我們。

不幸的輪迴

2001 年九月某日，加州聖克利門特島

11:00 PM

　　我們悄悄地滑進黑色橡皮艇兩側，駛入又黑又冷的太平洋，距離島嶼海岸有半英里遠。這是我們的最終訓練練習。BUD/S 幾乎要進入尾聲。下週我們就能畢業，進入 SQT（Seal Qualification Training，三棲資格訓練）。那時的我們未能想到一週後會是日後二十年戰爭的開端──曼哈頓的雙子星大樓竟然崩塌了。我們的世界正在改變。

　　我們穿上潛水頭套、乾式潛水衣、長蛙鞋、臉上塗了迷彩漆。

我們的 Kelty 軍用背包裝上防水袋，讓背包裡的裝備、炸藥、補充彈藥保持乾燥狀態。一旦潛入水中，船會靜靜退後，我們會在原處漂浮十分鐘，觀察海岸線的動靜，再送兩名游泳偵察兵探測海灘是否安全。

　　他們一上岸，就用軍用消防手電筒發出連三個快速閃光作為暗示，這個暗示是告訴我們海灘是安全的，我們可以整隊上岸。我們靜靜踩踏蛙鞋游向會面點，將步槍放在我們浮著的防水袋上，準備在海灘上開火，謹慎地保持低調。在距離水面約 1 公尺會脫下蛙鞋，將它們繫在手腕上，或快速用登山扣固定在腰帶上。我們偷偷摸摸地上岸、越過海灘與游泳偵察兵會合，同時要檢視四面八方的危險。我們是重裝登場的模糊人影，在沙地滑行，準備激發敵人心中的恐懼。我們的偵察兵已經找到一處很好的岩石地形，可以作為我們整隊人馬的掩護。我們設立好安全範圍後，開始換裝，將潛水衣脫下換成穿在裡面的迷彩軍服。幾分鐘後，我們已經準備好要進行下一個行動了。在任務規劃的階段，我們已經制定好攻向敵方地盤——一座作為武器補給的小鎮——的最佳路徑。這趟路程總共會花上數小時，每位學員都扛著至少將近 27 公斤的武器，我拿的是 M60 機槍和裝有一千發 7.62 子彈的彈鏈，這些武器總計有 45 公斤重。這趟路程的第一段路包含攀上包圍這座海灘的懸崖，往上爬時又熱又發汗，短暫休息時則感到又濕又冷。

到了凌晨三點，我們到達指定地點，我方已在該地建了多個藏匿點，以便在出擊前三天可以觀察敵方動向。我們團隊沿著山脊線散開，山脊線提供了良好的制高點，敵方基地就在大約一千公尺下的溝壑之中。

時間是關鍵，太陽就快要高過地平線。如果被教練發現我們的藏身處，就會受到嚴厲的懲罰。我們一些人拿出鐵鏟，開始挖土，另一些人蒐集刷子和任何可以利用的物品。這座島嶼的土壤並不適合架設天然屏障，所以我們必須發揮創意，利用背包和迷彩網創作。一小時後，我們躲進各自的人工藏匿處，要在泥土小洞裡度過三天，談論如何擁抱逆境！

接下來的日子，我們輪班密切觀察敵方，為敵方目標畫速寫、註記哨兵的行程、拍照、利用特戰隊軍用錄影系統回傳情報給作戰指揮部。在下崗時間，我會補眠、使用哥本哈根牌沾菸或做有關畢業的白日夢。聽起來超有趣吧？在第三個夜晚，我們準備做出攻擊。我們收拾好裝備，破壞藏匿處。我們排成散兵隊形，也就是每個士兵保持間距。我們下坡移動，接近敵方陣營。在目標的前兩百公尺處，我們換成 L 形伏擊。其中有「基礎」小隊，以全自動機槍的猛烈砲火來弱化目標；另一個是「機動」小隊，快速行動以清除剩餘的敵方威脅。一旦兩個小隊到齊，我們就發動猛烈攻擊。速度、出其不意和暴力。

　　嗒嗒嗒嗒嗒嗒！嗒嗒嗒嗒嗒嗒！嗒嗒嗒嗒嗒嗒！

　　我所屬的基礎小隊。每個人都呈俯臥位。百發精準的子彈穿過建築物的牆。我的 M60 機槍槍管發紅發燙，火熱的彈殼從強而有力的武器中排出，掉落在我們身上猶如雨滴，且會找到皮膚的任何空隙。最精彩的是，彈殼還會滾落我們的背部，在迷彩上衣裡扭動，燙得人們咒罵連連。我留下的傷疤可以證明。

　　「轉移火力，轉移火力」機動小隊的隊長在無線電另一端喊著。我們持續開砲，但將砲火指向敵對陣營的另一側，好讓機動小隊朝那個方向前進。他們快速移動、清空建物，進入每個小屋前對其投擲爆裂手榴彈。砰！砰！砰！接著是我們小隊跟上，穿過一片仙人掌園，協助清除危險。當目標穩定，且所有敵人都被殲滅，我們就會維持秩序，並拿出炸藥夷平軍火庫。

　　「格里森，準備引爆線。」我們的小隊長這麼說，告訴我要準備好將引爆線和數個爆裂物串接。「收到，待命。」我回答，快速伸手往我的背包裡探，找了又找，再更深入找了又找，就是沒有。我心想：媽的！該死！

　　「格里森老兄，動作快。」小隊長再次發話，「隊長，不知道怎麼了，我找不到它，我很清楚我有裝進背包。」我用混著極度困窘和焦慮的語氣回答。幸好，海豹部隊的哲學是準備兩份只能算一份，只有一份等於是沒準備。同隊的弟兄將他準備好的引爆線傳過

來我這，我們設好開關，離開爆炸半徑。

「三、二、一，引爆。」

砰！爆炸使木造建材瞬間摧毀，使膠合板的碎片飛濺，飛向月亮高掛的夜空。我們速速彈開，十分鐘後，我們抵達海灘，發暗號給小船，小船立刻回覆我們，在衝浪區以真正的蛙人式游泳（雖然只是蝌蚪的程度而已）。當大家都上了船，教練宣布任務達成，我們要回到位在島嶼另一端的校園，進行事後檢討，這是正式的軍事匯報。我犯下的嚴重違規是不容忽視的。

作為一個團隊，我們同生共死。因此，當一名成員犯錯時，其他成員也要共同承擔。我們之中若有人搞砸或違反安全性規範。教練會召集整班列隊，並將犯錯的三人叫到前面，前面放著惡名昭彰的「厄運之輪」。

我相信美國的讀者必定有看過電視節目《命運之輪》（*Wheel of Fortune*），對吧？參賽者要轉輪盤、挑字母、解謎題或面臨破產。但節目中，破產也不會得到嚴重的體罰，就只是將贏得的獎金輸光而已。現在你可以想像一個縮小版的木製輪盤，你轉到的每個位置都代表一項折磨，可能是在沙地與海水打滾，或永無止境的伏地挺身、開合跳、波比跳，或任何折磨人的項目。

「格里森，輪到你了。」教練大吼。我畏畏縮縮地轉動輪子，咕嚕、咕嚕、咕嚕、咕嚕……咕嚕嚕。指針緩慢地停下來，停在

「一百下一連八動」。這是所有處罰中最慘的運動，包括多種波比跳。全班哀鴻遍野，我們無疑是抽到一手爛牌。我感受到背後有好多憤怒的眼神刺向我。

「好了，你們都看到了。一百下一連八動健身操，快做吧！」另一名教練用德州腔咆哮。「是，呼呀！*史密斯教頭！」整班用最大的肺活量齊聲回答。我們的班長為我們計算做操的次數，但其中詭譎的是，整個班都燃起了鬥志且精神抖擻。我們都完成了BUD/S。隔日，我們演了班級短劇，用教練的人格缺陷來娛樂大眾，之後啟程回到科羅納多。

每一名學員都經歷不少挫敗，所以在那一刻，教練也知道不管做什麼都無法打倒我們。經過數個月身心靈的酷刑，讓我們的肉體、心智都變得更強壯了，比生命中的任何時刻都還要強。而且隨著時間增長，我們只會愈來愈強大。我們因為犯下一些低級失誤而耍爛事，那又如何？做一百下一連八動是我們最想得到的嗎？當然不是。但我們樂於做一千下，如果我們必須如此。我們有著一身蛙人魂。

* 是美國陸軍中常見的一句俚語，主要由步兵、空降兵和遊騎兵使用，可以用來表示除了「不」以外的幾乎任何意思。詞源說法不一，一般認為來自縮寫HUA，即「heard, understood, acknowledged」（直譯：聽到了，聽懂了，記住了）。（引用來源：https://zh.m.wiktionary.org/zh-hant/hooah）

本班的學員愛笑也愛開玩笑，常常揶揄教練給我們更多考驗。「再嚴厲點！你還有什麼招數？呼呀！呼呀——！」我們的舒適圈不再有界限，接納痛苦對我們來說，很舒服。接納痛苦，會化為成功之路。

BUD/S 235 班有超過 200 名初始學員，最後只剩下 23 名學員通過 BUD/S，進入海豹資格訓練。我們都清楚自己早晚將參與在阿富汗來勢洶洶的戰事，捲入伊拉克衝突的傳聞。心態快速把我們拉回現實，我們已經是海豹部隊的戰力。接受三叉戟徽章後，我被分派到海豹五隊，位在加州科羅納多。真正的訓練，才正要開始。

> 獵殺人類和獵殺任何動物截然不同，那些長期獵捕武裝分子且樂此不疲的人，從來不會關心周圍的一切。
>
> ——海明威

2002 年十一月，我的作戰小組確定要前往伊拉克值勤。海豹三隊會在法奧半島率先出擊，後與常規部隊一同向北追擊。我們是來自海豹五隊的小組，負責在巴格達、拉馬迪和費盧傑進行「殺或抓」那些壞人的任務。

我們都買好球賽的門票，我們多數人以為任務會在賽事開始前結束。但我們都錯了。

伊拉克，2007 年
海豹十隊，打道回府的前兩週

如果你對真正的堅毅力仍感到好奇，請繼續讀下去。這是我的朋友，也是海豹弟兄，傑森・瑞德曼（Jason Redman）的故事。

每次被擊倒，每次都會起身再戰……
我絕不放棄戰鬥。

——海豹部隊精神宣言

★★★

「最後一分鐘。」指令從廣播傳來。三架直升機載有軍力堅強的海豹戰鬥員，以及他們的伊拉克同夥人，正在接近位於費盧傑的敵方目標，進入最終階段。他們被賦予擒住蓋達組織高級領袖的任務，他們整個行動都是為了獵捕這名恐怖分子。這次的情報非常完美，簡直是可以立刻抓到他。大家都有個共識，就是會與訓練精良的恐怖分子來一場槍林彈雨。

作為海豹指揮官，傑森坐在艙門的位置，即將降落在大院正門

前的街道上。我們稱其為「飛向 X」。速度、出其不意和猛烈行動都很重要。小隊爆破者和指揮官坐在傑森的一側，另一側則是一名海豹幹員。著陸時應該要對著爆破者的門面向大門，以便迅速退出。但是，不幸的是，他們面對著相反的方向著陸。因為時間很緊迫，他們只好遷就。傑森和另一名海豹幹員跳下直升機，衝向大門，其餘突擊隊隊員跟緊腳步，扣著武器指向四面八方，巡視著威脅。他們檢查了大門，令他們驚訝的是，大門竟然沒有鎖上。經過多年的訓練和數百次類似的戰鬥任務，該小隊迅速以專家隊形進門。當爆破者試圖打開門時，他們沿著主樓的外牆站好。傑森心驚膽跳，但他維持對情勢的全面了解。每個人都篤定地移動，知道他們可能在進入時立即走進一連串的槍響。門很快被攻破，他們湧入寬敞的客廳。但是，卻沒有遭到 AK-47 攻擊，裡面什麼也沒有。他們繼續清理目標，穿過主樓和較小的周圍建物。沒有壞人。我們稱之為「乾洞」。但是，他們確實在高牆大院的邊界一處較小的建物中找到了一個巨大的武器存放處。一旦目標正式完成清空，他們就設置安全措施並開始進行敏感地帶資訊探勘（SSE）。傑森站在中央大樓的前部，指揮著交通，一架幽靈空中砲艇盤旋在頭頂，提供空中支援。

「長官，看來我們有幾名潛在敵兵從一幢房子移動到對街空地，就在你的位置以北 150 公尺處。」一位武裝直升機駕駛員說。

「收到。」傑森回答。他迅速打電話給作戰指揮中心，並轉達了飛行員告訴他的內容。通常要遵循標準的操作程序，因此傑森召集了一支由海豹部隊、伊拉克盟軍和他們的口譯人員組成的小組，並迅速前往敵人的最後一個已知位置所在的路上。當他們移向空地邊界時，武裝直升機繼續回報躲在濃密灌木叢中的敵人位置。

「你有辦法確認他們是否有武器嗎？」傑森問武裝直升機，「沒辦法，長官。」傑森呼籲團隊展開小規模的戰鬥，每個人相距約十公尺。在我和傑森日後進行的對話，我們提到這個關鍵時刻，他告訴我說他的第六感感到發麻，似乎有些不對勁。如果你曾經在夜間追擊敵軍，中間隔著非常濃密的灌木叢，你會了解夜視鏡一點也派不上用場。

傑森要求每個人都切換到另一個頻率，這樣他們就可以與對方保持聯繫，同時他保持與武裝直升機的通訊。但是並不是每個人都能接收到，所以左右側翼部隊出現了不同的頻率。因此，當傑森命令他們向該領域的東北方向推進時，左翼部隊繼續向西北方向推進，造成巨大的空隙。現在，能見度幾乎為零，而武裝直升機沒有任何有用的情報更新，傑森下令他的團隊屈膝等待。一分鐘後，他的口譯員通報他，提到左翼部隊不見了。該死。他們仍在其他頻率上，沒有收到指令。

　　傑森和他的團隊離開原本的位置，繼續向空地的東北邊推進。樹叢很快被剷平，在田野和向東約五十公尺的相鄰道路之間，有一片平坦的泥地。當他們進入空地時，傑森的醫務兵正踩在一個躲藏的敵軍士兵身上。士兵試圖翻身，但海豹幹員向他的胸口發射了三發子彈。隨即發生火拼，醫務兵的腿中了一槍。傑森召集了左翼部隊。他後來告訴我：「我認為這個決定確實搞砸了。」

　　突然之間，從距離僅二十公尺的敵方位置的路障，朝他們用重型機槍猛烈射擊。他們直接走進了埋伏。傑森遭到大口徑子彈射穿手肘，子彈停在防彈衣和頭盔上，他的夜視鏡的左鏡頭被炸飛。傑森摔倒在地，左前臂危在旦夕。他的其他隊友此刻躲在空地唯一的覆蓋物，拖拉機輪胎後方。傑森在他們和敵人的位置之間，槍戰在他的頭頂咫尺處進行著。他知道他必須離開殺戮場，移動到掩護位置。子彈在四面八方橫行。他起身開始跑步，機槍擊中他的右耳前方，炸毀了右臉。他再度倒下。他的隊友目睹了發生的一切，並設想最糟的情況。他們繼續戰鬥。傑森的小隊長兼聯合終端攻擊管制員（JTAC）連上通訊，請求武裝直升機近距離發射飛彈。他們的回答是「行不通，如果我們發射了，會殺死你們。」

　　還有呼吸但無意識的傑森，臉朝下倒臥在泥土和血泊中，血跡迅速向外蔓延。當他倒下的時候，子彈還在飛。他知道自己活不了多久。他聯繫上隊友，而知道他活著這件事驚動了隊友。「給我報

數！直到醫療直升機開來還要多久？」他大喊。「來了，兄弟，準備好了！」隊長回電。

　　再次提醒他們可能被殺之後，武裝直升機的成員要求提供海豹部隊的 JTAC 編號並確認發射。大約一分鐘後，敵軍陣地被武裝直升機的重砲摧毀，機關槍的砲火立即停止。傑森的隊友衝到他的位置，並將他拖行到醫療後空隊直升機所在的三十公尺處。因為疼痛實在難以忍受，所以傑森獨自走向直升機。他告訴我：「我只記得低頭看著我走路時，似乎有幾加侖的血流進我的靴子裡頭。」

　　傑森很快知道自己的臉部、胸部和手臂被射中七發子彈。最具破壞性的一發從他的頭部右側進入，並從他的鼻子出去。他的左肘已澈底粉碎，他的前臂僅有肉和肌腱附著。

　　傑森於 2007 年 9 月 16 日被送到馬里蘭州貝塞斯達（Bethesda）的國家海軍醫學中心。在接下來的五年，他經歷了三十七次外科手術，需要進行一千兩百個縫針、兩百個釘針、十五次皮膚移植和一次氣管切開術。他失去了嗅覺，左臂的活動受限。

　　傑森逐漸康復，他有許多訪客，包括隊友、家人和朋友。但是他很快就被哀傷和眼淚給煩透了，所以他在醫院的房門上掛一塊告示，亮橘色的告示牌寫著：

來者注意！如果你是帶著憂傷的情緒或對我的負傷感到遺憾踏入這裡，那麼請你離開。我受的傷來自我深愛的工作，為了我所愛的人而做，為我深愛的國家撐住自由。我超級強悍，而且會完全康復。什麼是完全？就是我的身體有最絕對、最強的復原力。然後我會藉由絕對的心理韌性達到 120% 康復。你要進入的這間病房，充滿歡笑、樂觀、強勁快速的再生能力。如果你沒有準備好這些，請離開。

入場管理

這份文字聲明吸引了前總統小布希的注意，之後邀請傑森到總統的橢圓形辦公室見面。這份公告現在被掛在華特里德國家軍事醫學中心（Walter Reed National Military Medical Center）的傷兵病房。

醫生給傑森開了一長串「永遠不能做的事項」清單。在公共場合，每個人見到他就會以為他經歷過嚴重的汽車車禍或遭到摩托車撞擊，沒人問過他是否服過兵役。之後，他訂製一件 T 恤並穿在身上，上面寫著：「不要再盯著我看了。我被機槍射中。如果你被射中，會死人的。」傑森和其他有相似背景的人，每天都以海豹精

神為圭臬，好好活著。他們天天在奮戰，沒有一絲後悔。

　　有受到啟發嗎？不騙你，我也有。相較下，只因為踩到一個小樂高而飆了一連串髒話的自己，感覺很蠢。傑森恢復的程度比完全康復還多。他的身體完全復原了，還有著絕佳的心理狀態，有美滿的婚姻和孩子，傳授個人和組織關於堅毅力和領導力的「克服」哲學。他是個成功的企業家、世界知名的激勵演講者，還是兩本暢銷書《海豹三叉戟》（*The Trident*）、《克服》（*Overcome*）的作者。他心存感恩，人很和善，持續為比自己偉大的事物付出。可以說，他是個貨真價值的真男人，沒有誇飾。重點是，任何人（有著一定的決心）就可以擁有他那樣的戰士心態，即使遇上一些爛事，還是可以克服那看似無法推翻的命運。如何去看待、對付逆境，操之在己。

★ ★ ★

　　2001 年，格倫・曼格里安（Glenn E. Mangurian）突然椎間盤破裂，造成腰部以下癱瘓。他認為，創傷事件可以讓人們重新思考生命、信仰和道德信念。他在《哈佛商業評論》（*Harvard Business Review*）的文章〈了解自我的構成〉中，分享了從逆境中長智慧的六大法則：

1. 你永遠不會知道下一秒會發生什麼事，這樣比較好。

2. 你不能控制事情的發生，但可以控制自己如何反應。

3. 逆境扭曲現實，但凝聚真理。

4. 失去凸顯了殘留事物的價值。

5. 創造新的夢想遠比執著於破碎的夢想簡單。

6. 你的幸福快樂比糾正不義之事重要。

　　建立堅毅力（會在後續章節更深入討論）是從擁抱逆境開始。逃離因果思維和分析癱瘓，邁向行動取向的執行力。跳過「為什麼是我？為什麼是這個時候？」的心態，尋找新的心路；問自己：「我從中得到什麼？我該如何運用這次經驗為我的生命旅程增添動力？」

心理模型

根本原因分析五步驟

　　比起找尋根本原因（如果值得探討）並付諸行動，我們通常會浪費多少寶貴且有限的時間，去解釋破事發生在我們自己及摯愛身

上的成因？比你想的還多。因果思維和分析癱瘓會將我們束縛在中庸、短淺的思想，使我們偏愛看午間電視劇配麗滋餅乾，阻止我們從失敗的經驗中學習並做出正面的行動。因果推理是辨別因果關係的過程。因果關係的研究自古代哲學延伸到現代神經心理學，簡單來說：沉溺在過去。我們應該從過去的經驗中**學習**，而非**沉醉**其中。

在戰場上，分析癱瘓會真的殺死人。在那當下，你沒有時間思考你的錯誤，或為在將近 5 公尺遠倒地流血的隊友哀悼，當你被敵軍擊倒，必須在三個爛選項中做出決定時，你還是得選擇。當你的排長被槍殺，你還是得先贏了這場槍戰，才能提供他任何有力的幫助。否則，只會造成更多的傷亡。這聽起來糟透了，但這就是戰爭的事實。

擁抱逆境和活出不凡人生的路上，你會遇到很多爛事。障礙會冷不防地冒出來，它可能是敵人埋伏、世界級傳染病、市民暴動或駭人的醫學診斷結果。所以呢？控制你能做到的事，忽略你無力掌控的事。

被因果思想所困，與應用所學做出行動，兩者有著極大的差別。如果我們能轉化心境，以行動導向的思維，接受生命開的變態小玩笑，並學習該如何與之共處，美好與勝利將會降臨。請記住，沒有**逆境**，就沒有**勝利**，兩者密不可分。

如果它與痛苦、逆境或挑戰一點也無關，那就不值得你
去做。

　　你有人生目標，對吧？如果沒有，你很失敗，這本書無法幫到
你。但我假設你有，那麼請繼續看下去。曾幾何時，你達成目標但
沒有遇到任何挑戰？不可能。如果你曾有過，那麼你達成的目標不
會多好。抱歉，我得說實話。你的目標可能是創業或建立家庭、申
請好學校、培養愛好的球類運動技能、種植菜園、撫養孩子、學會
踩高蹺、選上總統。無論是哪種目標，成功的路上總會遇到對抗你
的障礙、爛事。創業會失敗、家庭會失和、學校會拒絕你、教練會
選擇其他球員、菜園會在夜晚被一群飢餓的害蟲黨羽吃光（此外，
那群混蛋也毀了我的菜園）、孩子會長大進入青春期、怪人才需要
學會踩高蹺、不是每個人都能成為總統，雖然我開始質疑這件事，
但我不在這裡探討無止盡的政治議題。

　　你無法控制你有多大的機率會遇上不幸，或何時何地會被敵人
攻擊，但你可以控制你從中學習的事物，和如何反擊。你可以沉浸
在悲傷中，也可以用大衛・果金斯在其著作中《刀槍不入》傳達的
心法去反抗悲傷。你可以對敵營投下重型武器、起身、居安思危、
為未來的戰鬥做準備。每當遭遇困境（有很高的機率），你必須認
知到它的根本成因，運用習得的知識，好好活著。

　　我們該怎麼做？使用「擁抱逆境：根本原因分析五步驟」心理
模型。

1. 破事發生：
給這件事取名字，辨識它、分類它。

2. 高度可能原因：
這件事為何發生？我有辦法控制其發生嗎？造成失誤的原因是什麼？

擁抱逆境：
根本原因分析
5步驟
心理模型

3. 深層的根本原因：
用五個「為什麼」解釋。再次分析自己對這件事的發生有多少程度的影響。

4. 錯誤中學習：
我從中學習到什麼？寫下讓你學習的相關事物，列成一份清單。

5. 行動規劃：
克服陷阱後，我該做什麼，何時要做到？列出我的權責。

　　舉個例子，假設你丟了工作，這就是破事發生。這是無法預期的，一切無來由、無跡象，也無法從主管那裡得到足夠的解釋。好的，現在為這個煩惱取名，問自己對這件事為何發生有什麼想法。列出任何可能的因素，包含你可以控制和你無法控制的因素。假如說，你的公司正因為前所未有的全球流行病而陷入財務困難，因此要縮編你的部門，只留下績效最好的頂尖員工，而你明顯不屬於他們，這就是你的高度可能原因。

　　跳到第三步，我們來探討深層的根本原因，只關心你可以控制的部分，也就是實際上或觀感上的績效不佳。別去在意那些超越你的影響範圍的事。問自己五次為什麼，每次問答都要比上次更深一層。

為什麼？

我猜我應該要爭取更多的工作自主性，不去管我的主管（補充一下，他是個爛人）總是給我模糊不清的工作項目。

為什麼？

交代的工作總是很含糊，但更要緊的是，我沒有問清楚。

為什麼？

我做這個職位長達一年，總是感到很不安，因為我並不清

楚我的職責，或我能怎麼交出成功的任務。

為什麼？

我感覺主管並不知道如何經營讓人輕鬆自在的工作環境，
但我也相當習慣只做最基本的工作。

為什麼？

全心投入的職場紅人都承擔更多工作，且總是被要求接下
新的專案。我享受著每天五點鐘準時下班去做瑜伽。該
死，現在我丟了工作卻有好多時間做瑜伽（但是瑜伽教室
關門了），沉浸在悲傷的情緒中，在（我現在無法負擔的）
公寓附近的公園裡遛著我的西施犬。

進到第四步，列出你學到的事。建立你個人的行動後檢討。
問自己：我做對了什麼事？哪些事可以做得更好？為了提升表現，
我願意做出什麼改變？記下你的發想結果。有了這些資料，你可
以進到「行動規劃」階段。訂的目標愈詳細愈好，符合簡潔、實際、
有時限。我會在後面介紹「擁抱逆境行動規劃模型」，不過請你
先從一個簡單的客觀陳述開始，例如：「再也不因為績效不佳而
丟了工作」。

　　但有些時候，事情不是那麼簡單就可以劃清。你是否曾經感到壓力大、焦慮，但卻不清楚激起這些感受的原因。有時它卻易如反掌，就如同使用這項工具。有趣的是，我時常發現，最初被我視為破事的事，並非是造成壓力的主因。當我們錯認擔心的事，我們就沒辦法好好籌劃為了減輕焦慮所需的適當的行動規劃。一旦正確指出擔心的事，你便可以制定出進擊的計畫，針對那些在你的控制範圍內的特定目標。

　　使用這個模型，以其最簡單的形式，過程就會成為肌肉記憶。它會在你遭逢逆境時變成你的平常心。藉由執行你的行動計畫，你不斷建立心理的厚繭和堅強的情緒。你個人的反饋循環讓你維持在修正軌道和持續進步的狀態。不幸來臨時，你會一次比一次更快復原。你對逆境的看法、逆境對你產生的影響、在你身邊的事物都會與時俱進。

　　傑森被射中臉部了？你猜對了。他原本就是一名優秀的戰爭領導者，現在因為中槍變得更強了。他並沒有為此哭泣太久。他逕自走向醫療直升機，永不留戀過去。他將自身的悲劇變成鼓舞人心的工具。就我看來，真的非常帥氣。

好極了，然後呢？

　　很好，你現在可以開始使用這個方法，測試自己的能耐。反思自己過去面對破事的反應，計算自己要花多久的時間恢復，建立要改善的基準線。你花了多久的時間修正軌道，在戰場上轉移火線，尋求空中支援？你要樂於向某些人學習，他們比任何人都還要堅毅，因為要在悲慘的遭遇中活下去，他們的悲劇可能是腦瘤、離婚、車禍、解僱、創業失敗、被裁員或遭近距離機槍射中。他們是怎麼熬過來的？你知道答案時一定會很驚訝。當你開放心胸，對信任的人分享你的苦處，你會發現，永遠有人比你還要悲慘，請利用得到的資訊，擴展你的視野。所有失敗、痛苦和任何阻擋你幸福的事物，你要先辨識它們形成的根本原因，接著擬訂計畫，最後是執行、再執行。

幫助自省的問題

○我被重重打擊時，會快速復原還是自怨自艾？

○收到他人建議或評價時，我傾向驚訝、否認、生氣，或是接受並付諸行動呢？

○我從人生中遭遇的逆境學到了什麼？我有好好運用逆境經驗做出正向改變嗎？如果有，我有持續實行這些好的改變嗎？

○我是否花費太多時間在算計我無法控制的事情？或是花時間找尋一絲向前進的希望？

○我該如何承擔使用「擁抱逆境：根本原因分析五步驟」心理模型的責任？

第三章
矯正你的價值觀

人的價值觀就如指紋，每個人的都不同，

但你的所作所為都會留下屬於你的印記。

——貓王（Elvis Presley）

為何令人恐懼、不公的事總是降禍在好人身上？為何善良的人會罹患絕症，而自私的惡人卻能高枕無憂地過生活？為何有高尚情操的人會早逝，不給他們一點機會體驗婚姻、育兒和在世上留下生活的痕跡？如果你是有信仰的人（不管是哪種信仰），你很有可能會相信我們每個人都有得到上天的安排，我們不一定能完全理解神的安排，唯有恪守我們的價值觀（前提是你的價值觀不壞）才可能有好的結果。核心價值觀就是人和組織最根本的信仰。

這些原則會主導你的行為，也能幫助我們明辨是非。當這些原則被清楚定義，將為我們點亮一盞明燈，指引我們走向不凡的人生。

BUD/S 235 班，地獄週
2001 年 3 月，加州科羅納多
10:05 PM

到了週三晚上，班上只剩下 40 個學員。我們經歷上刀山下火海，因睡眠被剝奪而精神錯亂，因疼痛不止而感官超載。但我們開始看見希望，我們已接近酷刑的盡頭。有些人因傷離班，等到痊癒之後會加入下一班捲土重來。大多數人覺得自己不適合做一名海豹幹員。只要人對磨難屈服，決定不再承受更多痛苦，他們就要前往一個有著「磨床」惡名的院子集合，在那搖鈴，取下頭上的綠色安全帽並與其他棄權者的排成一排。

大雨連下三天三夜，皮膚早就被沖洗得消失殆盡，我的膝蓋、腿間、腰間、腋窩、頭皮的皮膚都破了，奶頭變成流血的小腫塊，全身長滿水泡。海水像荊棘一般刺進我的開放性傷口，感覺「好極了」。還有，我的手肘仍是骨折的狀態。另一名同隊隊員則是一雙小腿骨折，但卻靜靜地承受極端的痛苦，於是他撐過了地獄週。

我們在泳池岸邊立正站好等待下一個項目「毛毛蟲泳」的指示，我多希望它會跟名字一樣可愛，就像是寶寶生日派對會有的活

動，但它們一點也不相像。我們的班長約翰彎著腰爬上階梯、費力呼吸。他染上肺炎，他的氣囊、肺泡隨時充滿液體。一週間，他都在做身體檢查，但同時仍用他的熱情和專業帶領班級，現在的約翰看起來很糟，氣色比班上的任何人都還慘白。教練問他是否還能繼續，他果不其然回答：「我可以的」。不過從他的生理狀態判斷，我很怕他會支撐不住。

我們接受指令，與船員一同下水，穿著泳衣。毛毛蟲泳是船隊間的競賽。船隊的學員要用背游泳，雙腿繞在前一人的腰部，只能用雙臂划水前進。訓練項目對新人來說相當難，你可以想像在地獄週有四天都有這個訓練行程，那會是多麼困難。我們船隊已經游到這座奧運規模泳池的長度的一半，突然有兩名教練躍入池中。另一名教練拿著大聲公叫我們上岸，坐在對面的圍欄，低頭。約翰的四肢癱軟，沉入約 3 公尺的水中，好像穿著水泥做的鞋無力掙脫。我們從教練們的聲音聽出他們很慌張，他們試圖叫醒他，爾後將他送上在一旁待命的救護車。我們班被要求跑步回對街的訓練中心的教室等候。

經過數個小時，我們仍在疑惑、疲倦中等待著。突然間，門開了，BUD/S 的指揮官直直走進教室的前臺，他單刀直入地報告：

「史科普（Skop）先生去世了。現在由波拉多（Porado）先生擔任班長。」他看向指揮官副手。

　　話語停頓，像要給我們時間消化這突然的噩耗。長期病痛纏身、缺乏睡眠的我們，感覺好像腹部被人踢了一腳，帶著無神凝視的雙眼潰堤，眼淚滑過臉頰。「弟兄們，習慣這件事吧！這將會是第一次、之後還會有很多次與弟兄訣別。不幸的是，我們必須回到地獄週，你們都完成了。」之後，指揮官離開，就像他的工作日常，又是一個糟透的日子。

　　我聽到最後幾個字的時候，感到如釋重負，同時又有愧疚感油然而生。我們完成了，我們通過地獄週了。人人都知道這是所有軍事訓練裡最艱難的一週。我們能完成是因為約翰的死，我為了釐清這件事的意義，內心很掙扎，因為我不曾失去親近的人。指揮官的一席話無意間預告了即將發生的大事。數個月後，發生了九一一恐怖攻擊事件。時至今日，我甚至數不清自己參加了多少次海豹幹員的喪禮，實在太多了。

　　約翰作為一個人，有著堅實的核心價值。他是一個備受尊敬的領導者，不應該早早喪命。他向我展示了生命短暫，既然知道如此，我們何必浪費時間被不好的價值觀誤導我們的生活呢？

　　正如俗話說，事情還是得繼續做下去。接下來的一週，訓練再次啟動。因為我們提早一天完成地獄週，使得教練很想給我們嘗嘗苦頭。通常，地獄週的下一週叫「走路週」，因為學員的身體太過殘破，不會要求一週內跑完95公里，而是允許走路走完。但是

235 班卻沒有走路週，我們被施以比以往還慘的打擊，這是懲罰。每天都得面對壞運氣，但我們一點也不在乎。我們有任務要達成，失去約翰的痛化為我們完成訓練的動力。

回歸前言，海軍特種作戰部隊的組織投入上百萬研究經費，想從智力、身體素質、個性分析最有機會從軍訓畢業的學員。最有意思的數據落在共同的價值觀、個性成熟、深刻的服務熱忱，這些面向是最難以量化卻又具備高度重要性。與任務有連結的感受，會幫助人們度過最痛苦的時光，他們有著必須完成的願景，這個目標願景是如此重要，重要到沒有任何事物可以阻擋他們達成目標。他們擁有與海豹部隊組織完美契合的核心價值觀。

我們做出的每個決定都有意無意地滿足我們的需求，甚至在海豹軍事訓練中也是如此。隨著時間，人類發展出六種做決定的方式：本能反應、潛意識的信念、有意識的信念、直覺、靈感、價值觀。

價值觀拼湊出生命的樣貌，並長足的影響著生命的走向。價值觀很個人化，而且人與人之間多少會有所不同。清楚自己的價值觀是很重要的，你才可以在執行個人任務計畫時做出最佳決定。

問自己以下的問題，這些都很重要：

· 我的生命中最重視什麼？

· 什麼是我的終極目的？為什麼？

· 為了達成這個目的，我的計畫是什麼？

如果我們無法堅定地回答這些問題，想要使我們的決定、活動、行為與實現目標一致將會非常困難。在人生戰場上，我們的價值觀會被多次挑戰，而我們的人生經驗會塑造成好的或壞的價值觀。有時，即使我們已經清楚定義了某些價值觀，卻沒能看出來。

萬一有一天你發現，或被告知，自己擁有的價值觀很差勁呢？也可能那些價值觀正在帶你走入錯誤的方向？或它們會驅動你追求目標，卻是為了錯誤的原因？我曾經認識一名男性，姑且叫他傑夫（Jeff）。他是個聰明有幹勁的年輕企業家，研究所畢業後，由於初期的幾個創業投資而小有成就，他不只被名利沖昏頭，也成為「獨生子症候群」的真實案例。他自恃甚高又很自私。他的個人或工作目標全都圍繞在得到更多：更多錢、更大的房子、幾歲要買一輛法拉利。目標清單非常的長。

有一天，傑夫向我抱怨他的婚姻：妻子很「情緒化」，他們不停的爭吵。他數落妻子如何朝他怒吼，只因為他不照顧小嬰兒、不倒垃圾、不修理壞了的廚房抽屜。我在一旁聽著，從他的角度去理解，也試圖理解妻子的視角。我很了解傑夫的為人，所以我問他要如何解決這些頻繁出現且無法避免的婚姻現實，他給了最佳答案：一旦他的新創公司達到某個目標營收時，他會將妻小視為優先。你沒聽錯！某個目標營收，聽起來他的妻小就好像商業計畫的一部分。當公司營利達到 X 金額，我會解決 Y 事。這是行不通的！

對話稍作暫停後，我回應道：「好，所以你是說，你會將你的家人，擺在優先地位，但前提是你的公司先達到 X 營收，不過，這件事有可能、非常可能無法預見？」然而，我真正心裡想的是：如果真有那麼一天，這個目標達成了，家人也不會在你身邊了。「對，這就是我的意思。我現在無法專心在家庭事務上。」他承認。那堅定的信念讓這整件事更驚人了。

他的價值觀聽來非常⋯⋯要怎麼說才好⋯⋯全是狗屁！更不用說他總是以出差當藉口，實際上是去享受極度放蕩的夜生活或打整夜的撲克牌。順道一提，他是我不屑碰撲克牌的另一個原因。他的妻子真的有脾氣管理的問題嗎？你自己想想吧！

你也清楚，傑夫有著年輕創業家都有的常見願望：成長、金錢獎勵、幹大事、提供職缺、創造股東價值。但他的行為也是在消費其他人，根據一組完全被誤導的價值觀做事。我們談話之後不久，他的妻子真的離開他，他們走過一場耗費心力（和金錢）的離婚手續。他的用藥成癮情況失控，焦慮癱瘓了他，使他無法適當領導公司更上一層樓，甚至根本沒能接近他的營收目標，公司在幾年後因為累積債務被拋售。他從這些經驗中學到了重要的一課，繼續做出一番事業。但我假想他會不斷問自己：「如果我⋯⋯？」

★ ★ ★

　　若我們的價值觀與生命真正需要的事物──這裡指的是真正重要的事物相悖，我們會面臨比兩者相符時更巨大的挑戰。有時，我們看事情的角度有點扭曲，我們會追逐錯誤的夢想、有瑕疵的願望，導致我們感到空虛、不能滿足。

　　我最喜愛的詩之一，就是在表達活出有價值的人生，知道自己的核心價值，日日遵循。這首詩的詩名為〈死亡之歌〉，作者是特庫姆塞（Tecumseh），他是北美原住民肖尼族的戰士、酋長，爾後成為十九世紀初期，第一個主導跨部族聯盟的領袖。特庫姆塞出生於俄亥俄縣（Ohio Country）（即今日的俄亥俄州），成長過程歷經美國獨立戰爭和西北印第安戰爭，他習於戰事，設法在英國的保護下在密西西比河東岸建立一個屬於美洲原住民的獨立國家。特庫姆塞是歷史上最出名的美洲原住民領袖，也是強大且口才極佳的演說家，呼籲部落團結。他很有野心、敢於冒險、為了將白人逐出原住民位於西北領地的土地而付出重大的犧牲。

　　這首詩在海軍特種作戰部隊內部廣為流傳，以很多層面刻畫出我們的信念和我們所追求的工作與生活。

　　認真過你的生活，讓死亡的恐懼永遠無法入侵你的心靈。

不褻瀆他人的宗教信仰；尊重他人的觀點，同時也要求他們尊重你的。

熱愛你的生命，完善你的生命，美化生命中的一切。
追求長壽並為你的人民服務。
準備好一首高貴的死亡之歌，好好迎接臨終的那一天。

與朋友相聚或擦身而過的時候，不要忘了向他們給予言語或姿勢的致意，即使是在僻靜之處所遇到的陌生人也不該視而不見。
尊重所有的人，但絕不低聲下氣。

當清晨起床的時候，感激你所擁有的光明、生命與力量。
感激你的食物不虞匱乏並能享受活著的喜悅。
假如你找不到任何值得感激的理由，那是你的問題。
不要謾罵任何人或任何事，謾罵只會讓智者變成傻瓜，並奪走他們有遠見的靈魂。

當你生命將盡的那一刻，不要像那些內心對死亡充滿恐懼的人們一樣，在臨終之前哭泣著、祈求著生命能重來一次，

好做出不同的抉擇、活出不同的方式。

高唱你的死亡之歌吧！然後如英雄般視死如歸。

最後一個段落影響我最深。它描述人們應該謹記著人生終點過生活，如果你願意，可以作為個人解脫策略。它可以激發你去定義成功的人生，朝著你定義的目標努力，不讓你有機會留下一長串的遺憾。在你可以將舒服變得不舒服之前，在擁抱逆境的旅程，個人的轉變常與價值分析有關。

美國作家、企業家、全球知名攝影師詹姆斯・克利爾（James Clear）說過：「做出較好的選擇的關鍵通常在於較好的選擇限制。透過限縮選擇，只留下那些符合你的價值觀的，就等於是跨出了一大步，可以確保你的行為與信念相符。另外，限制會增加創造力。了解自己的原則，你就可以選擇做事的方法。」基本上，任何行為或選擇都應該要明確符合你的價值標竿。通常，遠離標竿的偏差行為或選擇終會釀成悲劇。再次聲明，我假定你的價值觀不差。你必須問自己為了活出這些價值觀，願意做些什麼；甚至更重要的，為了避免走偏，不願意做什麼。

★ ★ ★

約翰・史科普（John Skop）是個擁護偉大價值觀和堅定信念的人。他在參加 BUD/S 235 班之前，就在海豹一隊當情報員。他

的價值觀驅使他決定要為這個偉大的國家提供更上一層的付出。他非常想成為海豹部隊的一員，對比自己更偉大的事業付出，讓他願意放手一搏去達成這個夢想。他的船槳不斷地提醒著我：活出價值驅動的人生很重要。

心理模型

個人價值宣言

911 事件發生後，美國海軍特戰指揮部持續利用戰場上智慧，調整他的衝突策略與戰略。海豹精神的本質就是文化宣言，指出我們是誰、我們為何存在。它為我們的價值下定義。直至 2005 年，我們有四年的時間都在動盪不安的環境下操演，但我們不曾花時間講明我們作為小組組員、部隊隊員的定位。我們代表什麼？什麼是我們真正的目的？我們為何存在？我們對於自己與他人的期望是什麼？我們做抉擇的根據是什麼？哪些價值不僅定義我們，甚至希望我們能落實在這個瘋狂小宇宙的？在 2005 年，安排了一場與領導力相關的實體活動，聽起來很像一般企業吧？目的是要打造美國海軍特戰指揮部的信條，因此，美國海軍海豹部隊精神宣言誕生了：

在戰爭或動盪時期，有一種特別的戰士隨時準備回應我國號召。他是渴望獲得成功的普通公民。在逆境的打擊下，他與美國最精良的特種作戰部隊並肩作戰，為國家、為美國人民服務，並保護他們的生活方式。我就是那個戰士。我的三叉戟勳章是榮譽和傳統的象徵。已故的英雄賦予我的權利，代表那些我誓言要保護的人給予的信任。戴上三叉戟勳章，我接受了我所選擇的職業和生活方式的責任。這是我每天必須獲得的特權。我對國家和團隊的忠誠不容質疑。我謙虛地作為我的美國同胞的監護人，要時刻準備好捍衛那些無法自衛的人。我不會宣揚我的工作性質，也不會對我的行為尋求認可。我自願接受我的職業固有的危險，將他人的福祉和安全放在自身之前。我很榮幸能進出戰場服務。無論情況如何，都能控制自己的情緒和行為，這使我與眾不同。不容妥協的誠信是我的原則。我的性格和榮譽堅定不移。我總是信守承諾。

我們期望能夠領導和被領導。在沒有指令的情況下，我將扛起責任，帶領我的隊友並完成任務。我在任何情況下都以身作則。我永遠不會放棄。我堅持不懈並在逆境中成長。我的國家希望我比敵人更加身心堅強。如果被擊倒，我每次都會起身。我將利用剩下的每一分力量來保護我的隊友

並完成我們的任務。我永遠不會放棄戰鬥。

我們要求紀律。我們期待創新。我的隊友的生命和我們任務的成功取決於我——我的技術能力、戰術能力和對細節的關注。我的訓練從未結束。

我們為了戰爭受訓，為了勝利而戰。我隨時準備充分發揮戰鬥力，以實現我的使命和我國建立的目標。在需要時，將迅速而暴力地執行我的義務，但要以我捍衛的原則為依歸。勇敢的人們為建立自豪的傳統戰鬥、犧牲，我必須堅持這使人畏懼的聲譽。在最壞的情況下，我的隊友的遺物堅定了我的決心，並默默指引了我的每一步。

我不會失敗。

在第一段，定義了我們是誰，陳述「我就是那個戰士。」如果我沒有在參加 BUD/S 的第一天就打從心底相信我就是那個戰士，否則我就不該出現在那裡。然而，與我們的價值觀相關的最有力的陳述在於：「在需要時，將迅速而暴力地執行我的義務，但要以我捍衛的原則為依歸。」無論目的為何，我們為達到目的而犧牲了價值時，就是輸掉全部。贏得三叉戟勳章，就是已故的英雄給予我們的特權，這個特權不是一次性的，而是我們每天都要行使它。

你是否曾經花時間寫下你的價值觀？你肯定有思考過這件事，

或談論對你來說重要的東西。但你有真正下功夫紀錄你的核心價值或信念嗎？如果有，你有運用在你期望自己和他人會做的行為上嗎？也作為使自己負責的具體方法？如果特戰單位、冠軍球隊和高績效企業都在使用這招，為何我們不能用在自己身上呢？

如果你不曾做過，那我們現在就來實作個人價值宣言心理模型，其中包含清楚定義的核心價值、支持行動和問責機制。

第一步

就是現在，給我起身，拿出一疊便利貼。找一個安靜的地方，避開嬰幼兒、同事、除草機、小丑和恐怖分子。拿出一枝有墨水又好寫的筆，開始在一張便利貼上寫下一個核心價值。例如可以是：信心、正直、保持健康、家庭等等。切記，一定要對你有意義的，帶著真心誠意，而不是那些你覺得他人覺得你應該要有的價值。價值可以富有理想色彩，它可以激勵你進步或將價值帶入你的生活，但必須要是真實的。寫下你能想到的全部，不用擔心主題或數量太多。我們之後會幫它們分門別類。

第二步

現在我們有一疊粉紅便利貼，寫滿激勵人心且發人省思的

文字。你要告訴自己：先生／小姐，你重視很多事，這很棒。如果你只有寫一、兩張，那麼你沒救了──開玩笑的！回到這個步驟，現在你要將這些便利貼以主題分類，同個主題的放在一起，貼在玻璃窗、鏡子或白板上，哪裡都行。我們在下一個步驟，要你描述支持行為和問責機制的時候會做更深入探討，至於現在，將發想的內容限縮到只有 4 ～ 6 個核心價值。

第三步

現在我們要列出擁護核心價值的支持行為。例如，如果正直是你的價值，它帶給你什麼實質意義？你打算身體力行什麼樣的行為規範，以支持你的正直？你為了過符合這個價值觀的生活，你願意走多遠，什麼是你完全不願意做的？如果保持健康是你的價值，你打算每天做什麼，去擁護該價值？在某個時間點起床去運動？設立有時間限制的目標？設計新的飲食計畫？不，我不是指新年新希望，那是魯蛇才會做的。你的支持行為是要持續做一整年的，日復一日，變成生活習慣。為每個價值列出 2 ～ 3 個支持行為，做成短小簡潔的清單。

第四步

很好，你已經列好你的支持行為了。現在要做的是，你要如何對自己負責？回答得愈詳細愈好。為每個行為列出至少一項問責機制，例如，如果支持行為是撥出時間每天運動，若你非常有決心，你的問責機制可以是每天設定早上五點或四點半的鬧鐘。你也可以讓他人幫你負責，告訴所有人你要執行的事。當你有機會獨自一人，你要定義自己該如何回到正軌。

第五步

將上述所有輸入電腦，列印出來並護貝。放在你看得見的桌子上。嵌在你的眼皮裡，或寫一個手機應用程式讓它每天提醒你，要是你因為賣掉這個應用程式賺大錢，請務必分我一杯羹。

當我的顧問公司帶客戶走過這個練習，得到的結果被稱為「團隊章程」，它定義的價值、行為、權責，可以靈活運用在各個層面，從人才招募、訓練新人、績效管理機制到決策。再次聲明，如果高績效團隊使用這個模型，我們為何不將它應用在自身或家庭上呢？

好極了，然後呢？

　　不要像傑夫，要像約翰。雖然約翰年紀輕輕就蒙主寵召，但他的每一天，直至地獄週奪命的那一夜，都以一套真實的核心價值活著。這就是他受人愛戴的原因，也是他被深深想念的原因。

　　如果你付出時間實現你的價值觀，你的個人價值宣言不僅將你帶到新境界，還會幫助你避開誘惑的陷阱。追尋你的個人價值宣言。

幫助自省的問題

○我上一次檢視我的價值體系是什麼時候？

○我做決定時會參照特定的道德規範嗎？如果有，我多常背離它？

○逆境如何塑造我的價值觀？它們又是如何轉變？

○關於我的優先順序有多大程度與價值觀一致，我有對自己誠實嗎？

○我是否願意使用這個工具？願意天天用嗎？

第四章
馴服誘惑之虎

我能抗拒一切，除了誘惑。

——奧斯卡・王爾德《溫夫人的扇子》

想像一下，站在懸崖的邊緣，放眼望去，四周被濃密的叢林包圍。在遠處有色彩斑斕的鳥群啾啾唱歌；茫茫懸崖的另一端是榮耀之城，是你的人生目標、抱負和宏偉夢想的所在。谷底是誘惑老虎居住的地方，這是你所不知道的。你已經聽說過關於牠很強大的傳說。傳說有許多人冒險進入牠的巢穴，再也沒有回來。

當你渴望地注視著榮耀之城的神奇光芒（夢想將在沒有任何實際努力或逆境的情況下實現），正在思考如何穿越峽谷時，你會注

意到下面的動靜。誘惑老虎輕巧地從黑暗的洞穴中走出來。牠的一隻爪子拿著灰雁馬丁尼，另一隻爪子拎著美好的大麻菸，每隻胳膊都攬著一隻超火辣的母老虎。牠的毛皮散發光澤，保養得宜；牠的牙齒像拋光的象牙一樣潔白；牠穿著一件紅色絲綢吸菸夾克，繫著一條紫色變形蟲闊領帶。你思忖著：嗯哼，牠看起來不壞，而且還很酷！

他抬起頭，抓住你的目光，說道：「下來吧，今晚我們有個聚會。你應該加入我們的，人愈多愈好玩！這裡有大量的酒精飲料、大麻、精緻的開胃菜和漂亮的女孩。晚一點還要玩賭博遊戲。哦！對了，其他玩家都很爛，所以不用擔心，你有機會贏很多錢！」

於是你思考：好吧，我很喜歡打撲克。我的賭博技術雖然不厲害，但是也夠好了。贏得的現金肯定會在我剩下的旅程中派上用場。而且我真的應該喝一杯，這裡很熱。還有，誰不喜歡蝦仁煎餃和漂亮的母老虎呢？我會順道拜訪牠一下下，稍後再前往榮耀之城。

帶著一點點不安（腦海傳出一個細小的聲音，正在質疑你的判斷），你發現了一株粗細剛好的藤蔓，順著懸崖斷面往下滑。一抵達谷底，誘惑老虎會張開雙臂，露出露齒的笑容，向你走來，給你一個溫暖的擁抱。牠毛茸茸的擁抱立刻給你安全感。腦海中的理性聲音消失了，你對自己的決定充滿信心。榮耀之城可以稍等片刻，

讓我們開始這場派對！突然間，音樂砰砰作響，煙火在暮色的天空中綻放。

還記得傑夫的情況嗎？第二天早上，你醒來時頭疼得厲害，頭暈目眩，仍然有點茫，身上沒有錢，也沒有母老虎。噢，看起來沒有繩梯可以通往你的真實美夢。你的宿醉頭痛突然變得更糟了。現在，榮耀之城似乎遙不可及。你開始感到焦慮和後悔。所有事情都煙消雲散了。你意識到，你允許誘惑將你引到錯誤的道路，不理會你的價值觀所給的好意克制。你能從中恢復嗎？很可能吧。這是可以避免的嗎？當然可以。

★ ★ ★

有時候，「誘惑老虎」的確很惱人，實際也真的會咬死人。以佛拉迪米爾‧馬爾科夫（Vladimir Markov）的故事為例，他是一個自私、鬼迷心竅的盜獵者（諷刺的是，他也是養蜂人），他在開槍打傷老虎後偷走了老虎的部分獵物，於 1997 年冬天遇到了可怕的結局。

在整個俄羅斯，生物多樣性最豐富的地區位於夾在中國和太平洋之間的一塊土地上。在俄羅斯的遠東地區，亞寒帶動物（如馴鹿和狼）與亞熱帶物種如老虎等等雜處。在人類出現之前，該地區幾乎是老虎的完美棲息地。

在該地區棲息的老虎常被稱為西伯利亞虎，但其更精確的名稱是阿穆爾虎。想像這一種生物，具有貓的敏捷和食慾，以及一臺工業用冰箱的重量。阿穆爾虎的體重可能超過 200 公斤，鼻子到尾巴的長度可能超過 3 公尺。這種雄偉的老虎最遠可以跳遠 7.5 公尺。以垂直距離而言，牠們可以飛過籃球架。牠們顯然不容小覷。

然而，有一天，馬爾科夫和他那卑鄙的價值觀碰到了一隻正在進食新鮮獵物的老虎。在貪婪、誘惑和相對微不足道的金錢的驅使下，馬爾科夫心想：一石二鳥，好點子！有準備好的肉可吃，還可以在黑市上賣老虎。馬爾科夫瞄準並射中老虎，但只傷到牠。老虎往樹林裡逃，餓極了，氣急敗壞。因此，老虎一邊舔拭傷口，一邊擬定報仇計畫：發動舊式海豹部隊式伏擊。

幾天後，這隻受傷的老虎以令人發寒的預謀追捕馬爾科夫。老虎監視著馬爾科夫的小屋，有系統地摧毀了任何有牠的氣味的東西，然後在前門等著馬爾科夫回家。右手馬丁尼，左手大麻菸。比起抽完菸的飄飄然，牠反而大發雷霆。馬爾科夫返回小屋時，老虎將菸草甩到地上，輕輕地將酒放在桌子上，然後迅速、猛烈地進行牠的報復。牠將馬爾科夫拖進森林，殺了他後吃了他。這位養蜂人被吃得只剩靴子裡的一堆腿骨，染血襯衫內殘留的一隻手臂，斷裂的手，無臉的頭骨和被咬過的股骨。

這個故事的道德啟示是什麼？槍口只對準值得射殺的東西。不

要偷竊，不要盜獵。而且，不要因為誘惑使你做出錯誤的決定，否則你終有可能陷入像馬爾科夫，他血淋淋的殘肢那樣的窘境。

★★★

克雷斯特德比特，科羅納多
2000 年五月

　　我穿著 Oakley 登山靴以賣力的步伐穿過新落下的雪，太陽正開始緩緩地越過地平線。身上的 KÜHL 長褲和 Under Armour T 恤早已被汗水浸濕。科羅納多海拔超過 3 千公尺高空的稀薄空氣，令我必須大口喘氣。我的雙胞胎兄弟與大學好友走在我身後，我們的後背包裝滿登山用具、鮪魚罐頭、花生醬餅乾以及兩罐裝滿水的 Nalgene 水壺。暴風雨將會在那天稍晚來襲，所以我們趕著在中午過後登頂，才不會錯過回轉時機。這是我們本週第三次陡升，這是我們的訓練方法的一環。我在南美以美大學認識的好友麥特（Matt）與我已經在克雷斯特德比特待了好幾個月，每天花 10～12 小時訓練，為了參加海豹部隊徵選。那是我人生狀態最好的時刻，至少到那時為止是。

　　我們稍微提一下我的過去：我在德州達拉斯長大，出生在家境中上的家庭，家有父母、雙胞胎兄弟和一隻黃色拉不拉多犬，名字叫珍妮（Jenny）。我們住在一幢白色的牧場風格平房，位在普列

斯頓夏爾（Prestonshire）巷。我們兄弟小學唸聖麥可聖公會學校，國中時期就讀達拉斯聖公會學校。很巧的是，一位 BUD/S 同學又是後來的海豹五隊隊友，現在是我很親近的友人也在同一時間就讀達拉斯聖公會學校，我在多年後才發現的。我的父親是成功的商業房地產專家，母親是語言治療師，她在空閒時間透過青少年聯盟從事很多志工服務。我的前半生很順遂，沒什麼值得一提的挫折。

高中時，我們改去達拉斯耶穌會預備學校，我們剛開始對於離開原本的中學很不以為然，但我們沒有決定權，後來，轉校卻成了一件很棒的事。高中一年級，我參加了游泳隊。顯然，隊上很需要一位善於仰式的人才，而我是自由式愛好者且討厭仰式，但我當時是個新人，所以呢，看看是誰去擁抱逆境？就是格里森。我就知道這個人終於遇上大麻煩了，是吧？

總之，我的高中生活也很順利。在高二的尾聲，我和國小同學重新連絡上了。他進入公立學校就讀，如果我不唸私立的學校，我也會去讀他的那間──山頂高中。不幸地，誘惑之虎已將牠的魔爪伸進這位同學的大腦皮質。他翹課、喝酒、和一些酷酷的壞孩子鬼混。他被視為堅強的男人、優秀的鬥士、小姐的紳士。他就是個壞男孩，而我很想學習他的作為。我們又開始一起出去玩。我們是兩個完全不同的社交圈。我的耶穌會同儕，如果不忙於球賽、課業、慈善活動，就喜歡喝喝啤酒，聽鄉村音樂，捲入偶有的爭執，這就

是我所認識的德州。另一群朋友圈喜歡喝烈酒，聽饒舌音樂，鬥毆。所以基本上，處處都是誘惑，而我一點也不想努力對抗誘惑的溫柔鄉。

　　熊熊烈火在我的靈魂深處燃燒著，並非因為童年的家暴或貧窮經驗，而是因為別的東西；我渴望能體驗在備受呵護的生命外的事物，不管是好、壞還是醜陋的。所以我決定這樣做：某天，我向一名達拉斯最壞的惡霸高中生下戰帖，要他為了另一件事的報應來和我打架。他比我年長兩歲，是個足球員，體型還是我的兩倍，更是一個徹頭徹尾的混蛋。他總是找人麻煩，像是《回到未來》（*Back to Future*）的霸凌者畢夫・譚能（Biff Tannen）。相較之下，我是個游泳選手，在爵士樂隊擔任鼓手。我無法理解當時的自己為何要這麼做，我假設我是想證明自己，以一種很幼稚又不知死活的高中生的處事方式；另一方面，我想透過即將降臨的勝利去獲得榮耀和尊重。

　　簡單來說，結局不是那麼美好。就像電影演的一樣，我們在事先約定的時間點見面，地點在披薩店後面的垃圾區。來自我的和他的人馬開始聚集，他停下他的藍色的福特野馬，走出車外，任憑發動中的引擎發出巨大聲響。我想像我們在弄髒雙手前，講了一些垃圾話、感受彼此的張力，我們試圖推倒對方，最後大夥兒全加入戰局。輕鬆簡單。我贏了，成為英雄，享受隨之而來的榮耀與表揚。

　　不！他直接朝我走來，一拳把我擊倒，我是這麼被告知的。我那鼓手的孱弱身軀應聲倒地，他又一腳踢向我的頭，送我上西天。我不清楚，但他很可能有吐我口水。

　　我在車子上清醒，我的那位壞朋友開車送我回家，他就是我的誘惑之虎。「發生什麼事？我贏了嗎？」從我的血盆大口說出模糊不清的話，「哈哈，當然沒有！你被打爆了！笨蛋！」他大笑。在剛強的外表下，他是真的在關心我。我拉下照後鏡，對眼前的畫面感到驚恐。「我爸媽一定會殺了我！」我哀號。

　　第一，我不應該跟這位友人在外鬼混，因為我們曾有被達拉斯警車高速追車的紀錄，我爸媽自從那時就禁止我們往來，不過那又是另一個故事了。總之，我的鼻梁斷了，眼周長出紫色黃色的瘀青。我的下顎痠痛，我甚至從口中吐出碎石子在手上。該死！這不是碎石子，是我的牙齒，我這下慘了，這些根本隱瞞不了。

　　我走進家門，母親從廚房看到我的臉，「天哪！發生了什麼事？」她用驚嚇的德州腔問道，「我放學後踢美式足球，一頭撞上牆壁。」我怯懦地回答。這是我能掰出的最好的謊。起初，她是有點相信了，但她仍抱持懷疑的態度。當父親回到家看到我的樣子，他心裡猜想了什麼但沒說出口，可能是想給母親更多獨自悲傷的機會。多年以後，我進入海豹部隊，我在達拉斯的一場節慶派對遇上那個白痴，他看起來不那麼嚇唬人了。

幸運地，我最後還是以不錯的成績從耶穌會預備學校畢業，1995 年 8 月，我成為南美以美大學的學生。我在大一那年加入橄欖球隊，便澈底愛上這項運動。從此我不再去游泳，而是讓生命充滿衝撞！我和來自德州拉巴克（Lubbock）的麥特（Matt）成為好哥們，他是兄弟會的成員，比我小一屆。我們常常玩在一起，很快地我便得知他的夢想是成為海豹幹員。我那時對海豹部隊了解不多，僅認為他們是一群無敵戰神！也是能吃玻璃、吐火焰的龐大怪物。我在越南時，讀過一些關於海豹部隊的書，但我的認知僅止於此。在那個階段，我並沒有從軍服役的想法。

1999 年 5 月，我從大學畢業了，進入一家叫特拉梅爾‧克勞的房地產公司，做財務分析師的工作。麥特還在讀四年級，並開始為成為海豹幹員認真鍛鍊。我在晚間和假日加入他的訓練行列，但我一點也沒興趣加入他的「航海胡話」之旅（我在這借用了《海綿寶寶》的用詞）。每晚，我下班回到家，將蛙鞋、蛙鏡丟進背包，從我在市中心的公寓跑 6 公里到大學游泳池。麥特和我會游泳一小時，大多是自由式和戰鬥側泳，這個泳姿是入伍體能測驗的必考項目。在泳池岸邊做完幾組仰臥起坐、伏地挺身、引體向上之後，我會再跑 6 公里回家，準備晚餐，上床睡覺，隔天繼續這樣的行程。假日時，我們會沿著白石湖（White Rock Lake）跑一兩圈，一圈的長度接近 16 公里。

在當時，我對長跑並不在行，我跑得很糟。但我逐漸愛上跑步帶來的疼痛，之後更對內啡肽上癮。一位有智慧的海豹幹員曾說過：你所需的只有一雙鞋、一條短褲和一處可以嘔吐的地方。我們報名了達拉斯白石湖馬拉松，對我倆而言都是人生第一場馬拉松比賽。我們的目標：三個半小時內跑完 42 公里，禁止走路。或許對長跑老手來說，這個目標不算遠大，但相信我，對當時的我們這是很大的目標。有著 185.4 公分和 100 公斤的體型，我其實不適合跑長程。我需要改變我的心態和體態。

在訓練的前後，我和麥特會大聊美國海軍特戰隊的歷史、任務、心態和其他所有事物，我們都為之著迷。上班時，我坐在位於市區高樓大廈 42 樓的辦公室，做著成為海豹幹員的白日夢。麥特和我更加勤奮練習，我也開始閱讀更多關於部隊的事。某一天，準備齊全了。我感受到入伍的召喚，我需要刻意的受苦，我要測試自己的能耐，我要重新審視我的價值，我要為比自我更偉大的原因付出。

隔天，我開始移除生命中的所有誘惑，那些誘惑會妨礙我追逐新目標，我要成為海豹幹員，我需要趕走誘惑之虎。我或多或少減少參與社交活動，雖然過程不是那麼愉悅。我改善了飲食習慣和生活作息，我甚至將會讓我產生負面分心的人們從我的生命中移除。我所做的一切行為和問責機制都與我要達成的唯一目標是一致的。

我的新人生哲學：排除所有陷入誘惑和分心的任何障礙物或競爭注意力的可能，讓自己完全專注在任務上。

　　一個月後，我向公司提出辭呈，打包我的家當，和麥特一同前往科羅拉多州克雷斯特德比特，為了在高山上訓練。這個地方能讓誘惑之虎無法找到我們。我們把長而粗的尼龍繩綁在柏樹的高處，讓我們能每天攀爬，訓練上身的肌肉強度。我們從一棵傾倒的樹砍下八尺的木材，讓我們可以扛著它跑山路。用同一根木材，我們拿來訓練木材體能測試，就如同後來在 BUD/S 出現的項目。我們在冰凍的湖面游泳，訓練我們的身體可以承受極端條件。我們每天跑了好幾公里的山路、爬高山、跳不停的健身操、任何我們想像得到的懲罰，我們都做了。我們當然也沒有穿上 REI 最高級的運動服飾。在我們不做長途登高的日子，我們穿著令人不適的戰鬥制服和靴子，如同在 BUD/S 時所穿的。幾個月後，我們已準備好。返家之後，我們前往海軍新兵訓練營，在訓練營中，我們做了海豹部隊的體能測驗：跑步、游泳、仰臥起坐、伏地挺身、引體向上。測驗的第一關是 500 公尺游泳，一大群人在室內泳池中來回游泳。一個可憐的孩子險些溺死，還需要他人將他拖上岸，他會出現在這一定是有什麼誤會。在那天的最後，只剩我們三人（從百名努力的人之中脫穎而出）坐在訓練中心等待安排進 BUD/S。麥特、我和另一名男子。為什麼？因為我們遠離誘惑，做了像是擁有激進任務的

狂人會做的準備，只將少部分的成敗留給運氣。

堅毅並不是為了短期的成就而努力，而是為了持續長期的磨練，以達成終極目標。

沒有任何事物能阻礙我們成功，尤其是誘惑猛虎。但這一切只是開端。

心理模型

馴服誘惑之虎

抵抗誘惑的能力被哲學家、心理學家、老師、教練、母親們所推崇，任何給過你人生建議的人一定都講過抵擋誘惑的好處。這會帶領我們找到理想生活、專業與個人滿足、社會適應、成功、壓力表現，也是讓每個孩子躲過父母冷眼對待的好方法。這個假設我們的本能衝動是需要被抑制的，裡面藏著惡魔，誘惑人們欺瞞、冒犯、犯錯、成癮。

為何我們無法克制自己不去做某件事？為何我不能完成某件

事？在生命過程中，我們抵抗誘惑失敗有很多可能的成因，但唯一不變的成因是我們沒有使出自制。沒有自制，人們無法擁抱逆境。這樣會把問題太過簡單化嗎？無論是否過於簡化，參酌最新的心理學研究和古代哲學思想，對許多人來說自制力就是關鍵。

約翰・堤爾尼、羅伊・鮑梅斯特合著的《增強你的意志力：教你實現目標、抗拒誘惑的成功心理學》，作者在書中探討了有關自制力美德的心理學研究。這本書的開頭就闡明有研究指出兩種品格可以一貫準確地預測成功：智力與自制力。我們可能無法做到讓智力大幅提升，對以上論點我是抱持質疑態度，但是我們可以增強自制力。我們可以透過訓練讓自己擁有這項能力。

那本書談論了自制的肌肉模型。我們擁有的意志力是有限的，用了一次就消耗掉一部分。此外我們做不同的事情所仰賴的意志力，是來自於同一個帳戶。也就是說，如果我在上班時間用掉大部分的意志力，下班後我會較難克制自我，對老婆小孩較沒耐心，這是意志力的缺點。意志力就像肌肉一樣，用久了就會疲累。然而長期來看，肌肉經過持續鍛鍊就可以強化，變得更有耐力、更有力量。幸好，同樣的道理亦適用於自制力與堅毅力上。就像我們的舒適圈，意志力的極限可以成長，我們可以透過設定明確務實的目標、監控進度、與人分享自己的成敗，使自制力變強。我們練習自制的時間一久，意志力的耐力和影響力就會變強。這是一件好事。

舉個例子，培養自制力的其中一個好方法就是規律運動。有一縱向研究指出，開始規律運動的人在兩個月內增強了自制力。他們在與運動有關或無關的事物上都表現出更自制的行為，他們的好表現也展現在實驗室裡的自制作業。他們更少看電視；更少抽菸；飲用更少酒精、咖啡因；吃進更少垃圾食物；更少做出衝動性過度消費；做事更少拖延。除此之外，他們更常學習；更加遵守承諾；被證實能夠做更好的情緒控制。研究結果代表著我們的意志力的庫存並不是固定的，我們可以藉由一些行為增加庫存量。

我們因行使正義而變得公正，因行為節制而變得溫和，因勇敢行動而變得勇敢。

——亞里斯多德

熟練不見得能做到完美，但可以使我們更有能力抵擋誘惑、成為我們理想的人類。想要變得更堅毅嗎？練習做出具備堅毅的行為和決定。想要有更好的自制力嗎？從做出小小的決定開始建立。

★ ★ ★

誘惑不只是被引誘到陰暗小路幹壞事，我們身處的現代社會充滿著即時資訊、使人分心和競爭優先權的事物。我們常常被來自各

種數位產品的通知和訊息淹沒。科技讓人們得以隨時保持聯繫，也因為科技進步，我們的需求和期望都改變了。持續出現的分心事物讓我們需要比過去的世代更有紀律。

　　就像負責任的企業領導者制定具有建設性的里程碑和關鍵績效指標（KPI）的特定任務計畫一樣，希望實現特定個人目標的人也必須如此。該任務計畫很重要，因為它能讓我們保持專注在長期願景和前往目標的道路。改變計畫或改變目標是很正常的，現實中，有時必須如此。

　　事不宜遲，現在讓我來介紹馴服誘惑之虎心理模型。

1. 訂立明確的目標：
寫下目標，要具體且有時間規範。

2. 想像成功：
想像達成目標的樣子，往前追溯，畫出追夢路線圖。

馴服
誘惑之虎
心理模型

3. 列出障礙物：
條列會阻礙你追求目標的行為、行動、習慣、人。

4. 移除路障：
這個步驟最難做到，但是做就對了，排除以上所列的障礙物。

5. 糾正自己的錯誤：
當你走偏時，打造可以及時導回正道的計畫。

訂立明確的目標：在後續篇章，我們會更深入探討目標設定和計畫的過程，但現在提及這件事是因為這對抵抗誘惑和競爭優先是必要的。若我們的目標不夠簡潔、沒有時效、無法衡量、不夠務實（務實即有可以支持目標的策略計畫），我們就會很容易分心，讓自己偏離正軌。一有新穎亮眼的事物出現，我們就會開始追逐與我們固有價值和目標無關的「新機會」。

想像成功：老實說，傑出的運動員、教練都使用這個方法。其他像是特戰隊幹員、成功的企業家、了不起的慈善家、奧斯卡得獎演員等等都在使用它。我們想像出得勝的結果，想像我們如何獲得好結果，大腦會逆向思考，訂出一條前進的路。如果你的目標是跑完馬拉松，你要想像你正在跑步並感受到疼痛、情緒、跑到終點線的快樂。想像賽前的每個訓練日，你會做什麼？你感受到什麼？你會避開什麼誘惑？

列出障礙物：避免誘惑和分心的最佳方法是將這些事物列下來並分門別類，再依據你對這些領域的脆弱程度排名。哪些威脅和障礙擋在你的路上？什麼是你過去失敗的原

因？如果你時常在自發性的計畫半途而廢，請利用根本原因分析五步驟模型的五個為什麼（參見第二章）問問自己，找出根本原因並分類。

移除路障：逐漸開始管理那些使人脆弱的傾向，移除障礙。如果你被困在工作或感情的死胡同，請你拒絕脆弱，大膽離開。如果你想在職場上成為一個更好的團隊領導者，請你投資時間在個人與專業培養，沒錯，這意味著犧牲虛擲光陰、追求享樂的時間拿去做這件事。移除任何阻礙成功的習慣、活動、行為，但請不要犧牲他人的快樂。

糾正自己的錯誤：打造可以及時回歸正道的計畫。找一位負責的夥伴，可以是值得信任的朋友或同事，與他分享你的目標、目的、困難、理想結果。與負責夥伴預約時間做定期檢查，鼓勵他們監督我是否有穩住步調，在必要時他們要對你極度誠實。每當脆弱走向我，我要氣的是自己。或者套用大衛・果金斯的說法：「與自己上戰場。」所以必要時，要能夠糾錯、回歸正道。

★★★

誘惑存在於人生現實。沒有誘惑，就沒有意志力。生命會定時給你考驗，準備好拿高分吧！

好極了，然後呢？

在舒適圈之外找尋夢幻機會需要專注和實現行為，也需要行動導向的思維和堅毅。只要我們持續培養紀律和心理韌性，我們要捲土重來時就會做好準備。

心理韌性和情商對於超出舒適圈的生活是必要的。它們能賦予我們戰鬥裝備，去抵抗誘惑、完成目標。

幫助自省的問題

○當我面臨誘惑時，是很自信從容，或是允許誘惑之虎帶我
　走進錯誤的路？

○經過反思，我從上一次抗拒誘惑失敗的嘗試中學到什麼？
　我可以如何運用那些學到的智慧？

○哪三種最強大的誘惑在扯我後腿？我能帶著復仇的決心，
　使用馴服誘惑之虎的心理模型擊垮路障嗎？

○如果我知道某些誘惑阻止我活出更成功的人生，為何我不
　改變那些言行舉止呢？

第二部

學會害怕安逸

最簡單的日子是昨日。

——海豹部隊哲學

第五章

沒有失敗
等於沒有努力過

每個挑戰、每個逆境，

裡面都藏有機會與成長的種子。

——拿破崙・希爾

伊拉克

巴格達市外的鄉村地區的敵方目標

11:43 PM

　　我在那裡，腰部以下泡在屎堆中。我說真的。人生並不總是照著計畫走，是吧？容我向你解釋屎堆情境的前因後果。我有 31 步要說，「真的爛透了！」

第1步	在前往敵方目標的路上，我方其中一輛悍馬爆胎了，停車。吃幾口嚼菸，維護安全，換胎。
第2步	距離目的地1.6公里，AC-130空中砲艇提供的航空無線電告知有人正在逃離目標。
第3步	到達目的地。突擊隊所在地與目標房屋距離大約1,000 公尺，步行前進。
第4步	我們在目的地發現不只一棟而是三棟建築，我們重新配置衝突線，通過該區域，一次淨空一棟建築。
第5步	與我的小隊四人一伍，走向小型建築物，我對大門口保持專注。當我更靠近，我掉進一座等腰高的化糞池，全身都是人類糞便。任務才開始幾分鐘，情境已經變得很蹩腳。
第6步	AC-130空中砲艇的無線電告訴我們有六群人（從敵方目標逃跑的人）往北移動。空軍丟了幾發公釐榴彈阻止那群人逃跑。另一小隊跳上悍馬，趕車去圍堵他們。AC-130 向小隊傳達敵人的位置。只有兩名婦女和四名孩童，全都無害。
第7步	我們完全淨空了主要目標房屋，只找到一名男性，非我方人馬。
第8步	我們在敏感的現場勘查階段遇到了很大的阻力，來自乳牛、山羊和駱駝。他們很不滿我們突然打擾。
第9步	我們發現數十副 SA-7、AK-47、RPG和手榴彈藏在小茅屋的大油布底下。沒發現壞人，但至少發現了武器倉庫。
第10步	我仍舊全身沾滿人類糞便，臭死了。

第11步	我們將找到的部分武器裝進悍馬，剩餘的堆在主房屋。我們的爆炸物處置技術員設定了炸藥摧毀剩餘武器。
第12步	在發動炸藥之前，我們決定執行人道措施，也就是將敵方的牲畜趕去一處離建物較遠的圍欄，防止牠們被炸。
第13步	重裝的海豹幹員們試著放牧，但不是很順利。我記得特別清楚，我們其中一人，斜背著步槍，試圖想用套繩將一隻怒氣沖沖的山羊拉過院子，再現了英文俚語的「羊繩」（意思是完全搞砸了）。
第14步	本隊的破門者，也是關鍵時刻的牛仔，從屋子裡出來，接手放牧的工作，他像個專家般熟稔地把家畜都趕進圍欄裡，令人印象深刻。
第15步	將武器堆好，準備離開目標。引爆，讓夜晚的天空出現一龐大火球。
第16步	一輛價值三十萬美金的武裝賓士 G-Class 載滿我們的情報員與他們的物資，開車開偏了。負責開車的情報人員並不熟悉如何透過夜視鏡駕駛。
第17步	賓士車壞了，必須拖吊。我們用悍馬拖車，礙於農田路太窄，因此賓士又滾進另一個溝，連帶情報員和物資在車內。賓士側翻，在六英尺的深溝內橫躺，車內乘客只好一個個從車窗爬出來。
第18步	我仍舊全身沾滿屎，但至少它快乾了。
第19步	我們用貨物綑綁帶固定賓士並出動一輛悍馬，使它得以直立起來，脫離壕溝。

第20步	護衛隊再次離開目標，前往基地。太陽正在升起，我們進入都會區，車流變大。遇到交通尖峰！
第21步	護衛隊的車速加快（都會區的標準程序），結果賓士撞到路邊，車體一半衝出高架橋，難以置信！車子卡進撞爛的水泥護欄。
第22步	車隊停車，我們下車，吸食幾口嚼菸，確認安全，開始指揮交通。悍馬繫了絪綁帶卻無法使賓士 SUV 移動。
第23步	我揮手請一名路過男子停下他的大貨車，我看得出來他不太情願，也許是因為我的褲子太臭了讓他卻步，我不確定。
第24步	兩個多小時，我們指揮早上尖峰交通，試圖將賓士救上來，現在是早上十點鐘，室溫超過攝氏 37 度。
第25步	我們終於承認搞砸了，將無線電與精密儀器拔除，丟下賓士 SUV。我們應該會日後回來取車。
第26步	我們抵達基地，我將噁心的褲子脫下丟進待焚燒的垃圾坑，走回有拳擊與護具的帳篷，一股疲憊感襲捲而來。
第27步	我們一些人和開著平板卡車的弟兄上路找回賓士，車子是我們跟情報單位租用的。
第28步	我們回到橋上，發現一些精明的人「好心地」將賓士車留下。唯一的問題是它幾乎被扒光了，沒有輪胎、沒有車門、沒有引擎。
第29步	返回基地。
第30步	開一張高額支票給情報夥伴。
第31步	在事後檢討時，心想，這真是爛透了。

★ ★ ★

　　我的人生第一場大型演講是在亞利桑那州鳳凰城舉行的 2012 Inc. 500 | 5000 年會暨頒獎典禮，面對六百多名觀眾。這個特別的主題演講是 Inc. 的「榮民企業家」慶祝活動的一部分，該慶祝活動旨在表彰並支持退伍軍人企業主。哦，我和世界知名的演講者兼作家賽門・西奈克（Simon Sinek）站在同一個舞臺，我在抵達現場時才知道，完全沒有壓力。但我緊張地上臺，做了該做的事。人們鼓掌，結束，沒什麼大不了，輕鬆的一天。無論如何，我唯一的優先任務是連結在轉職或創業的退伍軍人。大約一週後，我與活動主持人兼《Inc.》雜誌主編艾立克・舒倫伯格（Eric Schurenberg）打了通電話，作為渴望獲得反饋的前海豹幹員，我問他的想法。老實說，我準備了「問題」打給他，是因為我想在未來的《Inc.》活動發表演講，在那時這件事可能是為我的公司打開品牌知名度和思維領導力的好方法。在尷尬沉默的片刻後，他說：「好吧，布蘭特，你的表現不好，演講不夠精彩，你似乎準備不足，內容過於鬆散。」

　　啪！好像一個巴掌打在臉上。演講是我的熱情所在，但顯然我還不擅長。而且我討厭輸的感覺遠勝過贏的滋味，這次感覺就像我輸了。我想，但是……每個人都在鼓掌，我想有幾個人甚至站了起來！也許他們要去洗手間，我不知道，這傢伙到底又知道些什麼？

我驚訝、憤怒、失望……然後逐漸接受、理解、激勵。我發誓永遠不會再有準備不周的狀況發生。我沒有意識到，我已經發展出成長心態，既忍受了海豹部隊的訓練、戰鬥、研究所的嚴酷考驗，又經歷了毫不仁慈的商業與創業戰場。現在，我平均每年在世界各地有五十場演講，並且認真維持一個很明確的準備過程。起初，艾立克的回饋讓我很痛苦，之後卻成為我的動力來源。這是一種醒悟。正如溫斯頓‧邱吉爾（Winston Churchill）的名言：「成功不是結局，失敗並非末日，堅持下去的勇氣才是最重要的。」

這就與海豹部隊教練勸我們放棄是相同的道理。訓練只會愈來愈艱難，為什麼要讓自己經歷這些？結果就是，有些人真的放棄了。他們瞬間忘了痛苦是一時的，但放棄是永久的。其他人發現他們肚子裡的烈火必須繼續燃燒，而那把火剛好可以用來擁抱逆境！

在躋身高位之前，有些世界上最成功的人都經歷過史詩級失敗。我們喜好讚揚那些為人仰慕或嫉妒的人的成功，卻往往忽略他們成功前經歷的路程。這是一條漫長的路，路上充滿障礙和失敗。他們的最高成就源於動力、決心以及能力。毅力和堅持可為戰勝失敗補充火力。

湯馬斯‧愛迪生（Thomas Edison）有言：「我沒有失敗。我只是發現了一萬種無法解決問題的方法。」但是，我們來面對失敗吧！失敗很討厭，沒有人一開始就希望自己失敗或告訴自己：「哎

呀，我迫不及待想在這個專案摔跤，那我就可以學到一些寶貴的教訓」。事情不是這樣的。我們不會告訴自己：希望我被開除，失去理想的工作，那我就可以建立情緒和心理韌性。我們也不會說：「嘿，我超級希望發生全球流行病，那我就可以學到如何申請政府補助或如何失業」。在驚訝、沮喪、失望和憤怒消退之後，逐漸進入開悟，我們便能吸取教訓，如果我們選擇這麼做，如果我們吸取教訓，發誓要努力一點一點改進。

　　我有數不清的例子，歐普拉・溫芙蕾（Oprah Winfrey）是北美首位非裔億萬富翁、世界知名媒體人、美國史上最偉大的慈善家之一，但她的第一份影視工作，在巴爾的摩的地方電視臺擔任主播，卻因為過於熱愛故事，而被解僱。喜劇演員傑瑞・史菲德（Jerry Seinfeld）早期常常被噓下臺，他的好友和家人則老勸他應該腳踏實地，找一份真正的工作。後來，就如我們所知，他名列史上最知名的喜劇演員之一。你能想像沒有迪士尼的童年嗎？如果華特・迪士尼（Walt Disney）聽信他的前新聞主編對他說的話：「缺乏想像力，沒有好點子可言。」他不因此灰心，老華特的堅持讓他得以創造出以自己為名的文化象徵。大衛・果金斯的成長過程面臨兒童肥胖、憂鬱、學習障礙、家庭暴力，但他現在是個退休海豹幹員，也是世上最傑出的極限運動員之一。這些故事都是成長心態的最佳案例。

常言，失敗為成功之母。的確，我們多數人最終都接受失敗是人生必經之路，也是成長的重要養分，但我們仍然討厭失敗。我們的理智很清楚失敗可以是轉機，但為什麼還是害怕失敗呢？我們在領導力與組織成長計畫中使用來自史蒂夫·柯爾（Steve Kerr）的簡單的表現公式，給領導者和決策者學習。柯爾是高盛集團的的資深顧問，在此之前，他已在該公司擔任六年總經理及學習長。在加入高盛之前，他曾擔任奇異公司（General Electric）的學習長和企業領導力發展副總裁七年，在那裡，他與傑克·威爾許（Jack Welch）密切合作，並主導奇異公司著名的領袖教育中心。在那之後，他們共同創辦了傑克威爾許管理學院。柯爾的公式如下：

能力 X 動機 = 表現

顯然，你可以將能力和動機分解成許多要素，但整體而言就是這個公式。我們使用這個模型來幫助領導者更理解如何指導、帶領團隊成員。例如，如果你擁有具備高能力和高動機、擔任某個職位的下屬，然後你提拔他們到新的職位，則在短期內，情況可能會發生變化。在新的職位下，他們可能正應對著從未遇過的挑戰，因此他們的能力變低了。有時，無關乎能力和專業知識，人們純粹是累壞了，因此動機和表現都降低了。

　　為什麼這是乘法公式而不是加法公式？給你一點時間思考答案。

　　好的，時間到。因為如果一個因數為零，則結果等於零，也就等於失敗。到達 BUD／S 的大多數候選人都表現出很高的能力和動機。也就是說，除非他們陷入困境，否則他們永遠都不會面對並處於生活中最不利的身心狀況。這就是為什麼 BUD／S 培訓計畫會成為一個非常公平的競爭環境。當然，有些學員是明星跑者或游泳健將，在這些特定的項目中，高能力和高動機會產生好的表現；但是，從其他領域來看，通常並非如此。也就是說，有些人似乎非常厭惡痛苦和壓力，在需要專注力和技術能力的各種及格制項目中苦苦掙扎著。

　　BUD／S 的每個階段都有及格、不及格評分制的訓練項目。在大多數情況下學生只有一次或兩次機會。如果拿到失敗結果，他們將打包行李成「正在度過陰霾」，運到車隊。第一個項目是 50 公尺的水下游泳。學員們在海軍特種作戰中心對面的海軍兩棲基地的奧林匹克規模的游泳池旁排隊。他們先跳水，進行水下翻筋斗（這可能會讓你從肺部吐出過多珍貴的氧氣），不能蹬牆，來回游泳總共 50 公尺。有時，頭會過早離開水面以便換氣，或者人在摸到牆壁之前就昏倒了。全都不及格！夢想的毀滅即將來臨。

　　另一個絕妙的訓練項目稱作「防溺水」。學生的手臂被綁在背

後，腳踝也被繫在一起。然後，他必須進行一系列練習，例如，在幾百公尺的水道游好幾趟，在深處向上、向下擺動，或下游 5 公尺深，用牙齒從游泳池底部撿起游泳面罩。這會持續很長時間。如果你不諳水性，或者沒有足夠的動力找到讓你可以竭盡心力的韌性，那麼失敗近在眼前。

有些一輩子夢想加入海豹部隊的學員，他們的夢想在幾分鐘之內就幻滅了，更沒有參加獎可拿。有些人會在數月或數年後重試，取得成功。有些人則是再也沒出現過了。

每個人都得到獎盃了？

去年，我們三個孩子中最小的兩個（一個六歲的女兒和一個四歲的兒子）學踢足球。我希望他們對自己的期待和表現能更高一些。我了解，他們還很年幼，我的這句話聽起來像個混蛋，但我試著搬出我的論點。賽季最後一場比賽結束後，我們的兒子萊德（Ryder）的總教練辦了一場小型頒獎儀式。他一次頒發一座獎盃，並帶過每個球員的簡短事蹟，就快輪到萊德了。

「好的，接下來是誰？你們能告訴我下一個獎盃是給誰的嗎？

我會給你們一個提示……他喜歡在比賽中啃雞爪，漫無目的地在草地上走」他的教練用著與四歲孩子聊天時用的語氣訴說。你必須在現場才能了解，在他的每一場比賽，當他上場時，他會四處遊蕩，啃著一支大雞爪。我是有點歇斯底里，但我內心的海豹幹員渴望他能拿出更好的表現和責任。

萊德所屬的隊裡的三個孩子立即舉手說：「萊德，那是萊德！」萊德自豪地站起來，接受得來不易的獎盃。這是他的第一個榮譽徽章，象徵著那幾週他在球場內外的奉獻、勤奮和紀律！他非常興奮，對自己感到很滿意。在開車回家的路上，他不停高喊著：「我的第一個獎盃！你相信嗎？」一回到家，我就取走獎盃，告訴他：「我們家不鼓勵平庸。」他馬上哭了起來。

我當然是開玩笑的。我再次恭喜他，然後幫他在他房間的架子上找到一個顯眼的位置放上獎盃，然後去煮雞爪。

該從什麼時候開始教我們的孩子擁抱逆境？教育他失敗的真諦？什麼時候叫做太早？什麼時候又叫為時已晚？

失敗的科學

　　根據加州大學柏克萊分校的馬丁·科溫頓（Martin Covington）教授指出，對失敗的恐懼與對自我價值的感受有直接的關聯。在他的出版物《在校動機手冊》，他研究學生，發現我們保護自我價值的方法的其中一種是相信自己有能力並說服他人我們有能力。因此，實現自我的能力對於維持自我價值至關重要。失敗的表現基本上意指我們沒有能力，也沒有價值。

　　科溫頓教授發現，如果一個人不相信自己有能力成功（或者因為反覆失敗而削弱了這個信念），那麼他們將從事其他可以維護自我價值的作法。通常，這些作法會以藉口或自我防衛機制的形式呈現。他們退縮到、或停留在固定思維，這種思維模式削弱了動機，也因此減弱了執行能力。

　　談到如何與失敗共處，教授將學生分為以下四種類型：

成功導向者：這些人通常是終生學習者，他們將失敗視為進步的一種方法，而不是自我價值低落的證明。

過度努力者：科溫頓教授稱這些學生為「櫃子裡的成就者」。他們非常害怕失敗，甚至不計一切代價避免失敗，即使這意味著要發揮自我，表現超出合理預期範圍。

抗拒失敗者：這些學生甚至不期望成功。但是他們同時極度害怕失敗，因此他們做到了最低限度或試圖融入。在BUD／S中，講師稱其為「灰色人」。這種策略永遠行不通。

接受失敗者：這些人基本上已經接受了打擊和失敗的現實，很難激勵這些學生。作為一種觀點，失敗被視為與（缺乏）自我價值有著緊密關聯。教授解釋說：「因為我們的自我價值取決於學術成就、外表或人緣，導致我們無法僅僅因為自己生而為人去珍惜自己，並接受失敗是人類經驗的一部分。」

心理模型

如何從失敗中獲勝

失敗常常是個令人灰心喪志的歷程，可以改變人的感官，並使人相信根本不正確的事情。除非你學會了以心理的適應方式應對失敗，否則它會癱瘓你、重挫你、限制你朝成功前進的可能。

擁抱逆境模型有八個失敗的現實，你必須了解它們，才能對舒服感到不舒服。

現實一：失敗使同一個目標看起來更難實現。 在一間特種作戰狙擊學校的一項研究中，教師讓學生向同一距離的目標開火，射擊距離不限。然後，他們讓學生估算到目標的距離。得分較低的學生（目標命中率比其他人低）認為目標比得分最高的學生的目標要遠得多。如果有你的默許，失敗會扭曲感官。慶幸的是，我們有很多方法可以避免這種情況。

現實二：失敗會改變人對自己能力的看法。 失敗不僅會扭

曲人對目標的看法，也會改變人對能力的假設。我曾見過那些退出 BUD／S 或未能通過選拔的學員陷入重度憂鬱，有時甚至走向自殺，而其他人則在多年後第二次、第三次回來挑戰，最終成功了。失敗會使我們懷疑自己的技術、智力、理想和能力。單純認知到這件事就是自我校正的第一步。

現實三：失敗會讓人感到無助。根據心理學家的說法，這是一種心理防衛機制。當我們失敗時，大腦發出信號使我們暫時感到無助。也可以當作是一種情緒創傷。就像幼兒摸到發熱的火爐時，大腦會說：「嘿，別再那樣做了。」失敗也是如此。當我們被自己說服，相信自己很無助，那就成功地避免掉未來的失敗。但這才是導致你失敗的真正原因——聆聽了惡魔的聲音，奪走自己未來的成功。

現實四：失敗的經驗可能會導致對失敗的恐懼。人們可以盡量避免成功，如同他們盡量避免失敗一樣，但是兩者通常是相輔相成。成功大多伴隨著失敗，這讓我們的旅程很不舒服。也因此，人們不再努力提升自己的能力、技術或成功的方法，而是回到自己的老家——安逸的小舒適圈。

現實五：對失敗的恐懼經常導致不經意的自我毀滅。就像一位大學生決定在重要的工作面試之前熬夜喝酒到深夜兩點，因為他「知道」自己會搞砸；或是一個小小孩不若同齡的人那樣天生擅長運動，所以告訴父母她討厭這項運動，她不玩了。這些行為可能會變成自我實現的預言，增加未來失敗的風險。不過，人生最棒的成就通常是在恐懼的另一面。

現實六：追求成功的壓力增加了表演焦慮，造成窒息。在那些關鍵的比賽決勝時刻感到窒息。經過數週的學習，考試時腦袋卻是一片空白。在大型演講中忘掉最重要的論點。通常，以上這些都是由於過度思考，這就解釋了為什麼適當的準備是成功的基石，也是克服表演焦慮的最有力工具。

現實七：意志力就像肌肉，需要訓練和休息。正如我們先前討論的，就像肌肉會變得疲倦，心理意志力可能會變得過度勞累和營養不良。持續戰鬥的士兵會經歷戰鬥疲勞，這會導致思緒混亂、缺乏情緒管理能力、困惑、憂鬱和阻礙決策的能力。因此，當你感覺到自己的意志力逐漸消退

時，務必休息一下，等你的意志力肌肉恢復能量，你會願意重新審視自己的動機。但請不要休息太久！

現實八：對於失敗，最健康的心理反應是專注於我們可以控制的事情。這種能力是建立堅毅力的基本原則。失敗可能導致我們大量關注眼前的逆境的成因。我們要看向未來而不是回顧過去。比起專注於我們無法控制的因素，制定行動計畫──有效地利用我們能控制的事項。

★ ★ ★

我的摯友、前隊友、海軍特種作戰司令部特別任務單位的隊長、《紐約時報》暢銷書第一名《不容易的一天》（*No Easy Day*）的作者馬克・歐文（Mark Owen）告訴我一個有關現實八的訓練往事。幾年前，一些他的中隊裡的人在拉斯維加斯近郊參加先鋒攀岩課程。這種攀岩方式，先鋒攀岩者必須攀到路線的各個區域，好放置安全裝置，防範掉落。當然，這意味著如果你從最後的安全裝置高將近 4.5 公尺處摔落，你會先墜落 9 公尺，然後繩索會因抓緊你而產生劇烈震動，這會讓人感覺很糟。

馬克停住時，在約 24 公尺的高度，比他的最後一個安全裝置還高約 6 公尺。他不信任自己腳下的攀岩塊，也找不到下一步。僅

過了幾秒鐘，他的隊友從下面注意到了，開始嘲弄他。攀岩教練是一位矮小精壯的男人，穿著短褲和攀岩鞋，他想到這點值得給點教育，所以他點了菸，沒帶繩索，開始爬上岩石表面。他很快就爬到馬克身邊，馬克仍然定在岩石上。「你還好嗎？」教練詢問。

馬克低頭看著仍在取笑他的隊友。然後他望著拉斯維加斯的天際線。「你為什麼要看向這些傢伙？他們一點也幫不了你，拉斯維加斯也一樣。兄弟，留在你自己的三尺世界，就在這裡。只專注能由自己立刻控制的事情上，忽略其他你無法控制的。」他說。

專注於我們能控制的事物，忽略（或至少降低其優先等級）其他的，是成長心態的核心宗旨，同樣適用於實現目標，和克服個人生活上、工作上的障礙。

★★★

我脫下戰袍離開戰場後，馬上進入研究所。這是我的退伍後轉職策略的一部分，旨在使我的大腦重新適應商業活動。當時，創業根本不在我的考慮範圍。後來，在研究所學期期間，我的金融教授指派了小組專案。就像你知道的，這種專案都會是由兩個人完成所有工作，另外三個人喝酒納涼。就在組內一些人在踢球、喝酒時，我們頓悟了！如同每個企業家的妙點子一樣，這是潛力巨大的空白地帶，懂嗎？長話短說，該專案成為我的第一家公司（一家尋找房

屋的搜尋引擎）的商業計畫的基礎。我們即將成為要在三十五歲退休的企業家，掌握自己的命運！不勇敢、還窩在舒適圈鬼混的人會羨慕我們，看著我們達到人生巔峰，而他們卻在做為他人賺錢的平庸工作消磨自己。輝煌的傳奇和空前的成功將引發永久的迴響。這有多美好！

畢業後，我們開始籌募資金，期望吸引天使投資人和風險投資公司。我的意思是，拜託，我是前海豹部隊幹員，誰不會投資我呢？這邊，我希望你能聽懂我的自嘲。我們很快就意識到，創業這件事超級困難，還要背負超高風險，碰上的逆境比預期的多更多。簡而言之，新創的失敗率可比擬海豹部隊培訓營的淘汰率，甚至還要更高。不論如何，沒有失敗就表示你沒有嘗試過！

最終，我們籌到數百萬美元，這家公司和後來的公司都陸續獲得成功。但是，沒有一條路是不布滿細小的障礙、昂貴的錯誤和鹹澀的淚水。經濟衰退也無濟於事，儘管我的經濟學教授提出了許多警告，也沒有看到這種情況發生。這是一個完全不同的戰場，在偵測必來的埋伏這點，我的能力不佳。障礙接踵而來，我學會專注於自己所能控制的事情，盡量不去擔心自己沒辦法掌控的。我學會待在三尺內的世界。

經過計算的風險可以緩和失敗

那麼，我們怎麼知道我們承擔的是精心計算的風險還是盲目愚昧的風險呢？很簡單，就是我們決定去做某件瘋狂的事之後得到好的結果！我辭掉了原本很賺錢的工作，加入海軍，去嘗試美軍軍中有著最高淘汰率的計畫。之後是 911 事件及隨之而來的危險。你知道我在非常有限的情報下進行了多少次任務嗎？可多著呢！之後，我一頭栽進了創業的行列，那時的我沒錢、沒收入，倒是有個負擔不起的高級公寓。幾年後，我在哥斯大黎加的婚禮上認識了我那令人驚豔的妻子。認識的四個星期後，我們去做了情侶刺青；幾個月後我們結婚了，而且沒錯，我們的婚姻順利維持到現在！

回想起來，我們可以回過頭標記出經過計算的風險決策，例如：「我就是知道我們注定要在一起」或「失敗不是一種選擇」等等。要是有一個模式可以參考，我們就可以在意外發生時好好權衡潛在結果和必然的突發事件，這不是很好嗎？

我們可以從稍後要探討的目標設定和策略規劃框架中汲取部分內容，這些框架旨在抑制風險和減少失敗。

定義目標。例如：與認識不久的女孩結婚；在資訊有限的情況攻下恐怖分子的根據地；終於鼓起勇氣吼你那不知好

歹的老闆；或者從一架非常棒的飛機躍下。使目標盡可能簡明、可衡量、可實現且有時間限制。

列出威脅和危害。真的不認識那個女孩，可能結局很糟；目標人數不明的恐怖分子；當我吼了老闆時，可能會被解僱；降落傘可能壞了無法打開。權衡所有選項後，您將回到此列表。

確定成功執行任務所需的資源。需要買戒指、需要錢、應該需要徵求女孩的父親同意；需要幽靈武裝部隊提供空中支援；可應急的備用方案；需要完整包裝、功能正常的降落傘以及跳傘課程。

評估執行／不執行標準。利用現有的資訊做出最佳決策，以決定是否進行。風險是否大於資源和回報？要謹慎看待從他人那裡得到的建議，確保你的資訊來源值得信賴並盡可能客觀。但是根據我的經驗，當你願意將自己扔進未知、無意識的風險中，所有人都會勸你不要進行。有時候，你必須說「去他的」，憑著直覺前進，還要記住三個 P！

總是匯報。某天，假設你決定前進，執行和結果的匯報非常重要。什麼做得好？什麼沒做好？ 什麼突發事件是我沒有預料到的？我如何回應？下次如何執行得更好？記錄你的觀察，並在下次作戰的時候拿出來參考。

好極了，然後呢？

在舒適圈之外尋求美好的機會將會充滿小挫折（有時甚至是大的）。但失敗可能是人生給你的大禮。誰不喜歡收到精美的禮物呢？計算風險和潛在回報。

問問自己，為了不想突破舒適圈願意承受多少遺憾。

幫助自省的問題

○面對失敗和挫折，我會如何回應？

○透過不一樣的視角看我的失敗，我可能可以學到什麼？

○失敗讓我的目標離我更遠了？還是像愛迪生說的，只是證明了試過的方法是不可行的？

○我多常做機率評估，多常承擔值得一試的風險？

○在臨終之際，如果我意識到自己從來沒有離開過舒適圈，我會有什麼感受？

第六章

每天做一件
你不願做的事

每天做一件令人討厭的事。

——大衛・果金斯

這 聽起來很奇怪。「每天做一件令人討厭的事。」大衛・果金斯對於掌控自己的心靈有著簡單的想法：每天在身心上做出突破舒適圈的事。心理和身體上的毅力需要訓練，這類特質很容易生鏽。我們的舒適圈被可移除的障礙包圍著，當我們採取果斷行動去克服這些障礙，我們的舒適圈會開始充斥挑戰、任務和恐懼，那些我們過去認為難以克服的事物，它們會成為日常生活的一部分。無論是工作中的障礙，不去管他、難以解決的人際關係，未

完成的目標，還是不願面對的恐懼，你愈靠近它們就愈能成功。接著，改變目標，再次執行。

　　就像他在前言中提到的，大衛‧果金斯和我於 2000 年秋天的 BUD/S 認識。我倆都被分配到 235 班。他是一個很少面帶笑容、像隻嚇人野獸的傢伙，應該說我從來沒見他笑過。他因為受傷，經歷過兩次地獄週，難怪他笑不出來。我聽過大衛說過無數次：「人生他媽的爛透了，所以要克服它。」他的人生經歷都收錄在他的暢銷書《刀槍不入》。

　　後來，受到奉獻自己成就更偉大的事業的靈感啟發，大衛申請加入美國空軍空降救援隊。在成功並進到空降救援隊培訓之前，他兩度不通過 ASVAB（軍隊職業傾向測驗）。過後，他成為美空戰術空中管制組的一員，該單位簡稱 TACP，我們很喜歡縮寫。他在 TACP 服役，之後退出美國空軍重返平民生活。他從事滅蟲工作、復胖、陷入重度憂鬱。過去的惡魔再度找上他，將他拉入深淵。

　　有一天，大衛看著鏡子，對自己說，他拒絕過這種生活。他不會成為自己不堪的過去的奴隸。他仍然對從軍充滿熱情，因此他決定加快腳步，前往當地的海軍招募處。他告訴招募人員他計畫要試試海豹部隊訓練營。當時的大衛身高 185 公分，體重 135 公斤。招募人員勸阻他不要嘗試，說他至少需要減掉 18 公斤，於是，大衛回家了。兩個月後他又回到招募處，體重減了相當多。他仍需要

減重，但他認為加入 BUD/S 會解決這個問題。

　　大衛於 2001 年成功地從班級畢業（經過三次地獄週培訓），我倆都被分配到海豹部隊第五隊。但這還不夠，犧牲不夠，有目的的痛苦還不夠。在他的第二段軍旅歲月，他進入了優秀的陸軍遊騎兵學校，並以最高榮譽畢業。遊騎兵學校有著獨創的挑戰，而大衛並不是被命令去的，而是他自己要求的。

　　2005 年，許多弟兄在「紅翼行動」期間在阿富汗作出了最後的犧牲，大衛開始了為「特種作戰戰士基金會」募集資金而長跑。該基金會為榮譽犧牲的特種部隊士兵子女提供大學獎學金和助學金。長跑是多長呢？ 160 公里以上。

　　大衛有一天坐了下來，在 Google 搜尋：世界上最難的超級馬拉松。是的，這就是他的思維運作。為什麼要從小的開始做呢？他找到惡水超級馬拉松（Badwater 135），人類已知最具挑戰性的比賽之一。他試圖以募款人的身分參加比賽，但組織人員告訴他，他需要先參加另一場超級馬拉松比賽並在合格時間內完成，因為惡水是邀請賽。兩天後，在沒有接受過任何培訓下，他報名參加了聖地牙哥一日馬拉松，這是在聖地牙哥的待客角（Hospitality Point）舉行的 24 小時超級馬拉松比賽。大衛根本沒參加過 42 公里的馬拉松比賽，但他能用 19 小時又 6 分鐘跑完 162 公里。

　　不久之後，大衛完成了他的第一次馬拉松比賽（拉斯維加

斯），這使他有資格參加波士頓馬拉松比賽。在這兩場比賽之後，他尚未受邀惡水超級馬拉松，他參加夏威夷的越野超級馬拉松（HURT100），這是被公認為世界最難的超級馬拉松之一。他是第 9 位跑過終點線的人，只有 23 名選手完成了比賽。他因為沒有贏感到很氣餒。隨後，他獲得 2006 年惡水超級馬拉松的參賽資格。他跑第五名，這對於超級馬拉松新手來說是史無前例的。當然，我們在海豹部隊跑了很多，但沒有跑到 160 公里。這個距離是給直升機和悍馬跑的！

在他靈魂深處熊熊燃燒的火焰驅動著大衛。大多數時候，是逆境助長了大火。我們都有火焰。並非每個人的火焰都來自極端的苦難或虐待，但我們可以選擇利用它來發揮自己的優勢，或者忽略它。大衛每天持續做讓他討厭的事。在我撰寫這段文字時，他正在完成為期五天的 Moab240＊。「我需要再次證明自己是野蠻人。」他在一次採訪中這麼說道。如果那不是成長心態的精髓，那是什麼。我們不必每天跑 383 公里變成一個野蠻人，這取決於我們決定用什麼去定義一個狠角色。

＊Moab 240是美國猶他州的年度耐力跑比賽，是為了紀念長跑運動員斯蒂芬・瓊斯（Stephen Jones）而創立的，全長383公里，穿越猶他州最令人驚嘆和最具挑戰性的地形。

★ ★ ★

　　想認識另一名經歷了比你我想像的更多的逆境和苦難的世界級跑者嗎？我向你介紹老路易士・贊佩里尼（Louis Zamperini）。他最大的障礙是死亡，一分鐘後你就會明白我的意思。作家蘿拉・希倫布蘭德（Laura Hillenbrand）在《紐約時報》暢銷書《永不屈服》（*Unbroken: A World War II Story of Survival, Resilience, and Redemption*）中記錄了他的堅韌故事。在第二次世界大戰期間，他全心關注在生存上，但機運始終對他不利。他於 1941 年加入空軍，並以 B-24 解放者轟炸機的投彈員身分駐紮太平洋地區。在當時，飛行作戰還不是最危險的部分。由於眾多技術問題和培訓不足，超過五萬名飛行員於無關戰爭的事故中喪身。因此，當路易士的飛機墜入大海時，他和他的機上同伴也飛赴另一架當天稍早墜毀的飛機進行搜救任務，這在當時是很尋常的事。

　　然而，不尋常的是，路易士在空難事故中倖存下來，隨後在救生筏上待了 47 天。飢餓、鯊魚、被敵方戰鬥機轟炸、極度口渴、幻覺、死亡。在 2010 年，蘿拉・希倫布蘭德告訴 NPR：「在救生筏上被救出的機率非常低。」

　　「救生筏設備很差。」路易士和他的同伴在海上生存的時間比其他任何已知的倖存者都要長，他們飲用雨水，吃他們設法釣到的魚。他們經常遭到日本戰機的攻擊，迫使他們潛入鯊魚出沒的

水域。

但是他的生存戰鬥才正要開始。事態將會變得更糟，會有更多的逆境要面對。在太平洋周圍漂浮了一個半月，讓路易士變得很瘦弱，爾後被日軍俘虜，最終被送往殘酷的戰俘營，在那裡他被毆打、挨餓和強迫勞動。

不幸的是，路易士恰好是世界知名的奧運選手。誰會想到這會給他帶來麻煩？但事實的確如此。他曾參加過 1936 年奧運，是世界上最快速的長跑運動員之一。被囚犯取名為「那隻鳥」的渡邊睦裕是個滿懷嫉妒心和虐待狂的獄卒，他針對路易士進行殘酷的虐待。這個傢伙是個貨真價實的混蛋，他對路易士有一種變態的迷戀。

根據蘿拉的暢銷書改編成的電影《永不屈服》（*Unbroken*），這些事件在電影中被戲劇化呈現。令人驚訝的是，路易斯在戰俘營中待了兩年，在戰爭結束前被釋放。他始終是個超極野蠻人。好不容易回到家，自由了，不再每天受到酷刑和死亡的威脅。但是現在，他面臨一個全新、無法預料的障礙：要與過去兩年的創傷，和有關他遭受的虐待產生的不可抹滅的記憶共存。蘿拉說：「路易士回家時就像是個完完全全被鬼附身的人。」一旦他的基本生理需求終被滿足了，也終於熬過戰爭的殘酷，路易士不得不面對他那看不見的傷疤。

每天晚上，他會從可怕的噩夢中驚醒，想起那位試圖打擊他的意志甚至差點殺死他的殘忍獄卒。他的思緒飛向過去的恐怖經歷，重溫嚴刑拷打。他沒有準備好對付過去創傷的障礙（今日會被診斷為創傷後壓力症候群〔PTSD〕）。他開始濫用酒精，很快地，他的婚姻關係步入危機（他回到家鄉不久就與辛西婭・阿普爾懷特〔Cynthia Applewhite〕結婚）。

幸運的是，由於他的堅韌精神，路易士找到了克服這個新障礙的方法，就如同他在戰爭中戰勝了逆境。他克服了 PTSD 的痛苦，過著多采多姿、快樂的七十歲人生，擺脫了過去的恐懼。

當然，這不是他選擇的痛苦。但是，他確實選擇了如何對應。那麼，這種堅韌來自何處？他的家人於 1919 年搬到加州托倫斯（Torrance），路易士在托倫斯高中就讀。當他和家人移民加州時，他不會說英語，更由於他的義大利血統，使他成為被霸凌的對象。他經常捲入打架。父親教他拳擊，所以他很快就對打架產生興趣。他的哥哥是一名高中生田徑明星，說服他加入多元國籍的田徑隊，期望帶他遠離惡性循環。他很快發現自己對跑步的熱情，並將內在的怒火（火焰）轉為正向的企圖心。

他的堅韌，最終挽救了他的性命。

心理模型

練習討人厭的事物

　　如果懂得如何使用壓力和焦慮，它們可能是很好用的工具，如果你選擇要使用它們。由於所有媒體和醫療機構都關注壓力的負面影響，因此很容易得出結論：我們需要盡量避免無可救藥的糟糕。以上適用於身體和情緒上的壓力和焦慮。

　　許多該領域專業的心理學家也抱持同樣看法，但我有不同的看法。追求無壓力的生活通常會導致更多的壓力，問題變得更加複雜，我們無法面對最大的挑戰時，我們將永遠無法克服。擴展舒適圈也是如此，我們選擇追求的挑戰和痛苦。如果大衛沒有加入空軍，他可能永遠不會成為海豹部隊的一員。如果他沒有成為海豹部隊成員，那麼他絕對不會開始進行 383 公里的瘋狂又悲慘的比賽（並不適合所有人）。他將無法體驗為了有意義的事受苦而來的快樂——支援我們的戰士、激勵全世界的人。在那平庸的舒適圈裡他會感到安全、憂鬱和過重。

　　想想個人和專業獲得實質成長的時候，或者你表現最好的時候，像是完成比賽、創業或拯救陷入困境的公司、錄取菁英學校、得到理想的工作、撫養孩子。這些經歷中，是什麼激勵、刺激你的

成長、學習和進步？我很樂意打賭那些時刻總是伴隨著些許壓力、痛苦和掙扎。

行為心理學家阿莉亞・庫倫姆（Alia Crum）和湯瑪斯・庫倫姆（Thomas Crum）利用與企業決策者、海豹部隊幹員、學生、職業運動員合作及研究，研發出三步驟模型，用於面對壓力和駕馭源自壓力的創造力，也能減少壓力帶來的負面影響。

該模型很簡單，請見下列敘述：

步驟一：看見壓力

我們通常只會因為那些我們重視的事情產生壓力，表示我們在乎。當我們可以辨識出壓力時，排解壓力的解決方案就變得清晰明朗了。例如，在我感到壓力過大或感受到些微焦慮的日子，我會問我的妻子，我到底為什麼壓力這麼大？她不一定要回答這個問題。雖然她這樣做了，但她總是對的。這是我找出可能的根本原因並加以識別的一種方法。通常，這不是我最初的想法，並且與實際消耗我的思想完全無關。

加州大學洛杉磯分校的馬修・李柏曼（Matthew Lieberman）進行的神經科學研究顯示，只要意識到壓力和逆境，大腦的反應性就會從自動和反應中心轉移到更自覺和更仔細的中心。例如，與患有 PTSD 的退伍軍人一起工作的治療師會使用脫敏方法，這種方

法可以找到造成創傷的根本原因，這通常是非常具體的事件。這使當事人可以確認，看到它並最終經過它。

步驟二：掌控壓力

如前文所述，我們通常只對我們重視的事情感到壓力。有了這樣的認知可以宣揚我一直提倡的正向積極性，因為打從內心深處我們很清楚，生活中真正重要的事情並不容易達成。

作為海豹部隊家庭基金會的董事會成員，我經常向潛在的捐助者導覽 BUD/S 培訓設施。一位參加者向協助導覽的海豹教練問了一個很好的問題：「祕訣是什麼？你們如何讓普通人，經過培訓成為可以戰勝無盡逆境的菁英戰士？」而答案比問題還要好。

「在海豹部隊訓練中，教練幹部設計的情境比真正的戰鬥來得更高壓、更混亂、更隨機，因此團隊可以學習在最艱苦的環境中振奮士氣。當培訓的壓力似乎難以承受時，我們可以掌控它，知道這就是我們最終選擇要做的事──成為海豹成員並在任何情況下都能戰勝。」

基本上，我們每天都會做一些令人討厭的事情，我們讓舒適圈變大了。

步驟三：利用壓力

儘管壓力常常讓人感覺很像要死了，但人體的壓力反應目的並非要殺死我們。事實上，壓力反應的漸進目標是幫助身心增強功能，幫助我們成長並滿足所面臨的需求。路易士知道，如果他想成為世界上跑最快的人，痛苦、壓力和磨難將是通往勝利的正常途徑。如果他想在酷刑和飢餓中倖存下來，就必須使盡洪荒之力。

儘管壓力反應有時會產生負面影響，但在許多情況下，壓力激素確實會誘導生長並將化學物質釋放到體內，從而重建細胞、合成蛋白質並增強免疫力，從而使身體變得更健壯。研究人員將這種效應稱為生理茁壯（physiological thriving），任何運動員、退役軍人或戰俘營倖存者都知道它帶來的好處。如同我們在前面討論過的，這全都與看事情的角度有關。將焦慮的敘述轉變為興奮和機會，可以提高任何任務或目標的表現。

如何每天執行令人討厭的事

我們大多數人很難做到像大衛、路易士、世界級運動員、頂尖學者和音樂家、太空人以及屢獲殊榮的牛仔競技表演者。根據我們的價值觀和目標，非凡的人生對所有人來說都有著不同的定義。我們必須先定義什麼是成功的結果，然後回過頭來設計錯綜複雜的路徑網絡，這些路徑網絡將會帶領我們實現成功預言。

挑戰在於，我們經常從事與我們的熱情、目的、價值觀或目標沒有真正關聯的活動。挑戰在於，執行令人討厭的事，而這件事是對的。人們選擇無法圓夢的工作；維持一段只會帶來痛苦的感情；懷恨只會造成更多無意義的痛苦；遵循其他人定義的路徑，這些路徑通常有不少人走過；沒來由地陷入仇恨行為；因為懶惰和誘惑而分心，放棄健身目標；在事情變困難的時候放棄。

那麼，如何每天做正確又令人討厭的事以克服逆境，超越自我，活出精彩的人生呢？讓我們從這裡開始做起。我們將會在提到你的個人任務計畫和執行策略時應用此方法。

列出前 20 個個人與職涯目標：這應該是兩個不同的清單，要記住的是，這兩個重點領域將如何互相影響。沒有什麼真的是工作與生活的平衡，只有將工作與生活融為一體。列出二十個目標聽起來很困難，但我們還是要做。

將上面的清單精簡為 5 到 6 個目標：完成第一個步驟後，我要請你刪掉 14 到 15 個目標。你沒看錯。只考慮對你真正有意義的目標，思考你的熱情，你的人生的真正目的，你的價值觀。哪些目標會讓你每天早上跳下床準備大幹一場？哪些目標可能會對他人產生正面影響？目標以外的事

物都會使人分心。

規劃達成每項目標必做的行動：列出 5 到 6 個具體的行動（暫且不用擔心這些行動的時限性）。思考每一個行動，並找出讓你不舒服的因素。又，如我之前提到的，具有最大滿足感、最有意義的目標也擁有讓人畏懼的一面。

開始練習做你討厭的事：好的，現在你有 5 或 6 個個人和職涯目標，每個目標都有一兩個屬於它們的煩事。做一個清單，將其放在書桌或任何經常可見的地方。抓住任何機會練習、練習、練習。如果你想參加鐵人賽，但是不諳水性，那麼你應該要開始游泳。

所謂的練習是什麼意思？海豹部隊可以說是在我們所屬的領域中表現最佳的。然而，我們不斷練習、演習、心理演練、行動和匯報，一遍又一遍。普羅大眾可能會認為海豹部隊時常在海外駐軍，但我們實際上用了 75％的時間進行受訓，另外 25％的時間我們備戰。在備戰時期，除去我們打仗、吃飯和睡覺的時間，我們也在訓練──每一天都處在不斷進步的狀態。

在我加入海軍之前，早就開始為 BUD/S 進行嚴格培訓之時，

我喪失了長程游泳和跑步的耐力。我曾經是一名大學運動員，但在美國公司工作僅僅一年，就使我失去了耐力。我苦於長跑，常落後與我一起訓練的夥伴，那真讓我很氣餒。在大學泳池的前幾回合比賽，只是游了 100 公尺就好像越過英吉利海峽，我好幾年沒參加游泳比賽了。我距離準備好參加 BUD/S 入學測試還很遙遠。除了研究和設計一種非常具體的訓練方式（這些都花了很長時間）之外，我的誓言很簡單：每次鍛鍊期間或結束後嘔吐，每次都會突破極限。

我知道這聽起來有點愚蠢、有點野蠻，但確實有效。我很清楚除非讓自己受苦，否則我永遠也不會做好準備，取得短期和長期必要的強壯與耐力。我計畫將健身從我的關注列表中刪除，而嘔吐是唯一的方法，這是我可以控制的。有一天，我在大學賽道訓練。突然間，奧運金牌短跑選手麥可·詹森（Michael Johnson）出現了，場上只有我和詹森。假如我那天下午吐了很多，我不會因為他是世界上跑最快的男人這件事而受打擊！

如果您的個人目標之一與健身有關，我建議您創建自己的不幸之輪，其中包含練習和例行程序，目的是在關鍵領域（您知道，您最討厭的領域）進行培訓。我的職業目標之一是通過在各個級別上增強領導能力來轉變人員和組織。這意味著我必須不斷學習和實踐領導力的藝術和科學。我最討厭的事情之一是對話困難。在字面上的戰場上，我迅速地聽到槍聲。但是，在我目前的個人和職業生活

中，我努力避免衝突。應對挑戰和艱難對話對於有效的領導至關重要。因此，我指出要練習、練習、練習。每次都變得容易一些。

軍事領導人每天都會做出艱難的決定。這需要一些認真的習慣。尤其是當這些決定使他們自己的團隊成員受到傷害時。不幸的是，這些領導者有很多練習的機會。關鍵是，最終，一旦您明確定義了目標，就知道阻礙您前進的道路。問題是，您想征服那些目標有多糟糕？

你有多強的意願去擁抱逆境？

好極了，然後呢？

現在就是開始練習拓展舒適圈的藝術的絕佳時機。沒有持續執行，就不可能拓展舒適圈。隨著時間推進，不僅會發現不適感消失，而且會開始享受你過去總是厭惡的活動和障礙。接著，你建立一個新的清單，並果敢執行。

當我們不願接受那些阻擋我們成功的挑戰時，我們會將自己埋沒在平庸之中。因此，使用本章的模型可以使你更快速達到更高層次的心理韌性。

幫助自省的問題

○ 為了至少能窺視舒適圈的邊界，我要做什麼？當我這樣做時，我看到什麼？它會迫使我越過還是退卻？

○ 我如何轉移逆境產生的負能量？我會再次投入負能量在新事物上嗎？

○ 如果我開始做一些令人討厭的事，可能會帶來什麼好處？我的成長潛力是什麼？

○ 我是否承諾要處理討厭事物的清單，了解這會讓我距離目標更近？

第七章
慎選目標

在痛苦中會顯露出最堅強的心靈；
堅定的性格滿是燒傷的疤痕。

——紀伯倫

伊拉克

1:13AM

　　氣喘吁吁，我們在爬高樓的樓梯。顯然，將一群全副武裝的幹員塞進電梯不符合「戰略」或「暗中」計畫。因此，我們正向上爬，爬到十四樓。我們的任務：綁架或殺死兩個高價值的敵人目標。我們的行動單位分為三支小隊——兩支突擊隊和一支維護外部安全的機動隊。這項任務計畫要求同時進行兩個突破口，一間公寓房位於

二樓，另一間位於十四樓。我們抽中下籤，只好負責十四樓，當我們迅速爬上樓時，我們正在承受痛苦，尤其是我。

我汗流浹背，不是因為體力不支或工具包的沉重，而是因為攝氏 39.4 度的高溫把我的大腦燒焦了。我得了重度流感，或食物中毒，或兩種都有。不清楚是怎麼了，我感覺很糟就是了。我想：我不應該吃那該死的羊肉，或者任何昨天與那位酋長會面時出現的食物。我的肚子絞痛著。我一天的大部分時間都是在蠅蟲紛飛的茅坑上度過的，細節不多談。

這兩間公寓座落在三座十七層建築群的其中一座，這座大樓是該建築群的一部分，呈 U 字形。所有公寓房間都能從外部走廊進入，有點像一棟巨大的汽車旅館。我們到達十四樓，悄悄地沿著通風廊走。柴油、燃燒垃圾和人類排泄物的臭味瀰漫在空氣中。我們找到了公寓，其他人沿著外牆站好隊形，而爆破兵裝好炸藥，我喜歡這個傢伙。還記得之前用羊繩將山羊和駱馬趕進圍欄內的那位男子嗎？他是德州老牛仔，他整日忙於健身、製作爆破炸藥，安穩地躲在個人炸藥實驗室裡頭。

他爬回距離門十英尺遠的位置。我們透過無線電通知了另一個團隊，傳達我們已經準備就緒的訊息。這會是同時爆破。他們回覆確認。「裝置已定。三、二、一、執行。」我們的爆破兵低聲說道。

砰！兩個爆炸的震撼是如此強烈，足以摧毀整整三座高樓的大

部分窗戶，簡直超現實。但這還不是它破壞掉的全部。我們頭頂上方的公寓的一片窗玻璃汽化了，玻璃粉塵四處飛濺，我感覺到腦震盪。真該死！

如果你曾經帶著沿著腿流下來的腹瀉攻擊敵人目標，那麼你的回憶肯定沒那麼酷。而且，你絕對不覺得自己像是個強壯帥氣的海豹部隊幹員，更像是站在操場上的尷尬的學齡前孩童。我們向前猛衝，左右包夾闖入公寓。爆炸摧毀了客廳前方。幸運的是，沒有非戰鬥人員受傷。我們走進了主臥室左側的走廊。敵方戰士使出亂槍掃射，從他躲藏的房間轉角處將 AK-47 指向外面，漫無目的地朝著走廊我們所在的方向發射大量子彈。7.62 子彈擊中了牆壁，每一發都遺憾地錯過了他們的期望目標。我們迅速走向火勢，向主臥室扔一枚手榴彈，然後完成清空，發現躲在密室的高價值目標。我們羈押了高價值目標，我們呼叫了另一支隊伍。另一支突擊隊很快就讓我們知道他們也將目標收押了。兩分鐘後，我們回到車上。我負責羈押囚犯，所以要將高價值目標綁在一輛悍馬的後面。

「兄弟，你拉在褲子上？」我的隊友將夜視鏡掛上頭盔，同時帶著厭惡的表情問候我。「對啦，混蛋。我拉了。」隨後傳來一陣笑聲。「真煩人，我病了。」我惱火又疲憊地說。我的褲子和上衣沾滿汗水。我們已經準備好撤離目標。我迫不及待想回到我們的基地，將臭褲子丟進火坑裡燒掉。又來一次！但這次我可沒那麼

好運。

「紳士們，我們要為另一個任務啟程了。」我們的排長喊道。你一定是在跟我開玩笑吧！經過簡短的任務介紹後，我們爬上悍馬和雪佛蘭 Suburban，前往下一個目標房子，大約三十分鐘的路程。當他們在悍馬的後座上向我靠近時，這些傢伙賊笑。「兄弟，你真臭！」他們大笑。另一個目標是一座乾井，沒有壞人。四個小時後，我們終於回到基地。我從悍馬跳下，直奔火坑。我坐下，迅速脫下我的 Oakley 越野跑鞋，脫下褲子，否則全身都是裝備。我沒穿褲子回到基地的房間，戴著頭盔，胸前掛著步槍，身穿全身盔甲。為什麼同樣的事一直發生在我身上？

我本以為因為我病得很重，就可以不參加這項任務，但我不想錯過與兄弟們一起執勤、戰鬥。我之所以受苦是因為我選擇了受苦。

★ ★ ★

隨著我們的奮鬥和成就，我們最終選擇要面對的問題。這一切都可以歸結為我們做出的選擇。即使我們做出了明智的選擇，我們也會為新的問題做好準備，它們比錯誤的選擇所帶來的問題要好得多。當我們安全地待在舒適圈中時，我們可以避免生活中遇到的許多問題和挑戰嗎？當然可以。當我們不承擔任何風險時，可以避免做出錯誤的選擇嗎？是的。但是，在我們舒適圈的範圍內可能會

出現哪些潛在的不良問題呢？沮喪？不滿意？平庸？總是問自己：
「如果呢？」以上全部？會有人承認他們對現狀感到滿意嗎？平庸
對他們來說還好嗎？事實上，是的，有些人會這樣，但是他們在自
欺欺人。舒適圈的擴展是尋找新機會的途徑，如果沒有一些經過
計算的風險，這些機會將永遠無法抓住。我堅持投筆從戎的這個決
定，讓我的親友看來很不能理解。

你要做什麼？你瘋了嗎？

布蘭特，這超級危險。你必須先加入海軍，然後試圖被該計畫
錄取。那你必須戰勝全部考驗，但大多數人沒有通過！然後呢，你
就永遠被困在海軍。

哦，這真的不危險嗎？

以上全是有效論點。

當然啦，我的決定不是一朝一夕產生的。這是漫長的訓練和權
衡風險的過程。但是我知道我訓練和準備得愈努力，潛在的風險就
愈低。我說「潛在」是因為存在太多看不見的障礙：失敗、放棄、
因表現不佳而被淘汰、重傷、死亡。但是我知道，決定不接受這
一挑戰將導致負面問題：後悔、沮喪、平庸、總是問：「如果我當
初⋯⋯？」

自然而然，我決定跳過舒適圈的邊界並衝進深淵的決定，會帶
來新的問題、新的戰鬥、新的痛苦。但是，將會證明這些都是有好

處的問題。我基本上選擇了這些問題，它們是較少人走過的路。

在加入海軍之前，我強迫自己在科羅拉多州的山區受苦數個月。在「地獄週」期間，我們遭受了極大的苦難，失去了一個兄弟。每天黃昏，教練們將我們排在海灘上，讓我們向慢慢消失埋入地平線的太陽揮手告別，這是為即將來臨的嚴寒和黑暗所辦的歡迎儀式，夜晚似乎永遠不會結束。但是每天早晨，太陽會再次升起，溫暖我們的靈魂，並說：「你距離結業愈來愈近，繼續前進吧。」我們贏得了三叉戟徽章，並很快發現戰爭底下的海豹幹員人生是充滿著犧牲。後來，作為戰時海豹幹員，我們在戰場上飽受痛苦，也學到了很多。但這是我們樂見的痛苦，也是後進的新血戰士樂見的。我們感到痛苦是因為失去了兄弟姐妹，他們為身旁的隊友犧牲了。但是，如果他們今天出現在這裡，而你去問他們是否有任何遺憾，他們會說：「沒有。」他們會希望自己做出其他選擇嗎？不會。

★ ★ ★

人生是一連串的選擇。但是，我們每天做了多少選擇？多少選擇有因果關係？多少選擇不重要？一些資料顯示，普通人每天最多可以做出三萬五千個選擇。假設大多數人每天花費大約七個小時睡覺，也幸運地有非常多選擇，那麼每小時大約做出二千個決定，或者每兩秒鐘做出一個決定。但是這個龐大的數字真的可信嗎？是否有一些可憐的研究助理整日都在筆記他腦海中每一個轉瞬即逝的選

擇的分秒細節？再者，任何估計數字都長足的取決於一個人對做決定的定義。最後從更大的格局來看，並不是所有的決定都很重要。

　　無論統計數據為何，我們都不能否認從早上起床開始就面臨無止境的決定。有時，看似很小的選擇可能會產生巨大的後果。我們絕對不能低估蝴蝶效應。在混沌理論中常提到，蝴蝶效應即渺小的變化可能導致更加重大的事件——一個小事件可能會對未來產生巨大的影響。因為忽略了手機上的電子郵件或其他通知（坦白說，我們應該多做這樣的事），你可能錯過了理想職缺的招募或約會軟體中百萬分之一的配對機會，但是話又說回來，也許這注定不是我們的選擇。想想在戰場上做出的決定，你做出的每個選擇都會帶來相應的後果。

　　我們正遭到敵方從高處射擊。我們要進攻還是撤退？要呼叫空中支援嗎？

　　我已經用瞄準鏡盯著敵人目標持續三個小時了。我要閉眼一分鐘，冒著錯過關鍵射擊點的風險嗎？後果是什麼？

　　敵方戰士的行為充滿暴力和敵意，但似乎沒有武器？有沒有自殺背心？我該瞄準他嗎？如果我錯了，我會受到謀殺罪起訴嗎？有什麼風險？

　　敵軍逃到田地，我們要追殺嗎？

　　顯然，並不是每個人都面臨著這種可能導致生死攸關的選擇。

我並不是建議執著於每一個抉擇，不管是在工作、在家或在星巴克要做的決定。相反地，我主張要讓人們更了解天天都會出現的大量選擇，它們可大可小。

　　無論我們做出的日常抉擇有多少實際的數量，我們都應該注意這些抉擇，因為，如作家約翰·麥斯威爾（John C. Maxwell）的名言：「生活即是選擇，你做出的每一個選擇都造就了你這個人。」

選擇之村

　　假想你居住在一個小巧、永續又和平的村莊。這個村莊位在荒野中央，周圍是茂密的森林。村民之間的共識是，森林中住著壞東西，像是可怕的野獸、小偷、毒蛇、流沙、稅務員、飢荒的可能性，當然還有巨大無比的囓齒動物。在任何情況下，你都不會進入森林。

　　但是森林裡頭到底有什麼呢？沒有人知道，因為沒有一個勇敢的靈魂為了冒險離開這個安全又和平的村莊。村民們確信自己很快樂，其中一些人確實是如此，因為他們不知道有什麼更好的。但是你呢？你感到超級無聊，你有好奇心，你的內心深處有火在燃燒，

內心的聲音問你：如果……會怎麼樣？

所以，有一天你說：「管它的。」也許有可怕的事情潛伏在那裡，也許可能會遇到痛苦甚至死亡。但是，也許在無聊的鄉村生活之外，還有很多很棒的事物。誰會想要一輩子種瓜養豬，最後和表親結婚呢？這不是你要的，絕對不要，所以你去爭取。你將一些必要物品用小袋子打包好，然後出發。

那天晚上，你紮營、生火取暖。你很快就會意識到外頭的夜晚很冷、很黑。天哪，真的很黑，有點嚇人。你一直聽到奇怪的聲音，可能是嚇人的野獸或稅務稽查員？

當你不安地入睡，思緒飄回村莊裡的愜意小屋。屋裡很溫暖，爐子上有一鍋燉南瓜，燈火用柔和的光芒填滿整個房間。比起蜷縮在鋪滿苔蘚的石頭上發抖，蓋著棉被躺在床上的感覺肯定好多了。

第二天早上，你醒了，你還活著，還沒有被野獸生吞，也沒有被毒蛇咬死。實際上，你會對於有點不舒服感到習慣，因為你選擇了冒險。你很滿意自己的決定，因為現在的你對村莊外的情況有了更多的認識。你收拾行囊，深入森林。十分鐘後，你因為踩在光滑的圓木上而扭傷腳踝，並遭到一群有著奇特攻擊力的蚊子襲擊。你可能還記得，曾經有一位朋友告訴你，每年蚊子殺死的人比其他捕食者還要多，這與瘧疾有關。你完蛋了。但是，你繼續前進，而且沒死。

如果你身陷地獄，那麼就繼續前行。

——邱吉爾

　　你會提醒自己，這些問題都是好的，也是你願意承受的，你更不希望是沮喪、無聊和平庸。現在，你可以自豪地稱自己為冒險家！當天下午，你來到寸草不生的地方。你從茂密的森林步入繁榮的大都市。那裡有美麗的建築、愉悅又亮麗的人們在繁華的街道上奔走，顯然是從他們熱愛的工作（可能不是種南瓜）返家的路上，回到他們深愛的人的懷抱。這明明就是天堂，如果你不離開村莊，將永遠不會知道這個烏托邦。你馬上下定決心，你永遠不要回到村莊。沒錯，前往烏托邦的路上遭受了一點痛苦（沒有你想像的那麼多），但是現在你可以得到所需的醫療照顧，並找到了美好的新機會。

　　許多人喜歡待在自己熟悉的舒適村莊。如果他們真的冒險出門，也不會走太遠。人們會繼續從事自己討厭的工作，因為他們過於擔心辭職、尋找新事物帶來的風險。他們在不圓滿的戀愛關係中滯留了多年，結果被後悔和浪費生命的感覺所吞噬。我們推遲做出我們知道必須做出的艱難決定，因為對抗使我們深感焦慮。人們很快就會採取受害者的心態，因為事情似乎永遠不會如願以償。他們不像在社交媒體上看到的所有成功又「快樂」的人那樣幸運。他們

不要求他們應得的升職，只因為害怕被拒絕。

這些都是選擇。錯誤的選擇、優柔寡斷和無作為會造成不好的問題。正確的決定、計算過的風險和行動會導致良好的問題。你喜歡哪個？為什麼不主動選擇自願遭受的痛苦，而讓命運（或其他人）為你選擇呢？

★ ★ ★

SERE 學校很爛，高級 SERE 甚至更糟。SERE（生存、躲避、抵抗、逃脫）學校是一項教授特種作戰人員和戰鬥機飛行員如何躲避敵人、忍受戰俘之苦的培訓計畫。

在加州一個未公開的地方，一個寒冷、無光的夜晚。我距離分派到伊拉克進行首次戰鬥部署還差三個月。我和幾個排的隊友都被送進 SERE。海豹幹部必須參加過該課程，才能到戰區部署。教練們全都講俄語，從來沒有忘掉扮演的角色。

我開始忘記這只是培訓。在模擬戰俘營中，我住的地方是一個很小的水泥井，只夠屈著身子。在過去的五天，我與一名空軍戰鬥機飛行員試圖躲避敵人，謹慎行走在在森林深處。每天晚上，我們都會在灌木叢下相擁而眠，以維持溫暖。他們只允許我們攜帶 ChapStick 護唇膏和水，沒有食物。到了第四天，我已經吃了兩條草莓口味的 ChapStick。它的味道比五星級餐廳的料理還要好。太棒了。

我的背靠在一個審訊室的水泥牆。我被拖出狹小的牢房，因為只穿著內褲，整夜瑟瑟發抖，夢到自己回家後要吃什麼。直射我臉上的明亮聚光燈使人瞎眼，但與十二月的 1-2 度氣溫相比，它的溫暖是可喜可賀的變化。

兩個肌肉發達的「綁架者」站立在我的左右。審訊員坐在我前面桌子上。我拼命回想我們被扔到荒野之前接受的一週課堂培訓。

審訊開始了。我試圖使用我在課堂上學到的技巧。我好累，我記不清了，我覺得我受傷了。姓名、軍階、序列號、堅持你的故事、不用謊言就可以撒謊、我的綁架者不相信。啪！我的臉被賞了一隻巨大的巴掌，將我的頭向右轉了 90 度。搞什麼？鮮血從我的下巴往下流。現在我被惹怒了。啪！另一個男人的胖手從相反的方向打向我。我的血氣沸騰，我拼命試著控制自己的情緒。我做得不好，我用一連串蓄意的咒罵作為我唯一的武器，衝向其中一位教員。另一位講師盯著我僅僅一毫秒。他用鎖喉制服我。

扮演審訊員角色的講師迅速站起來，打破角色，下令短暫的訓練暫停。「格里森，你再這樣搞，我們會把你當掉。」他用鎮定、專業的語氣說。基本上，我不得不正坐聆聽，汲取最大的利益和培訓價值。否則，我將被淘汰並無法部署。然後，訓練暫停結束了，回到了方才的巴掌和搔癢的狀態。然後將一桶水和一些碎布被帶進房間。我會讓你的想像力自由發揮。

★ ★ ★

有時擁抱逆境真是……糟透了！而且，我們並非總是能選擇我們的痛苦。為什麼無辜的人遭受不義、種族主義和不平等待遇？父母為什麼丟下年幼的孩子死去，為什麼一個人必須失去一條腿、行動能力或視力？為什麼一個人必須遭受強暴或癌症的折磨，或在戰爭中被殺害？對於某些人來說，最大的痛苦可能是不知道他們為什麼遭受苦難。當我們了解痛苦的目的時，或當我們能夠接受它，並將焦點轉移到我們的存在的潛在正向角度時，痛苦往往更容易承受。

然後是有目的的痛苦。這是達到真正實現自我所需要的。心理學家對幸福領域進行了廣泛的研究，研究結果是大多數人都能設想到，但是我們當中很少人願意接受的。我們獲得更多東西，賺更多錢或因為完成偉大的（但有時毫無意義的）目標而受到認可時，其實反而降低了我們的幸福感。但是，當我們丟掉物質或突破舒適圈域的極限時，我們的幸福感就會增加。為什麼？因為我們的觀點有了變化，關於真正重要的事物。

我保證，為了很有挑戰性的比賽而進行訓練和競爭，要比買新車帶來更多的幸福和滿足感。投資有限的時間在回饋或支持貼近你內心的想法，比起與你常常見面的朋友進行社交活動，前者總能帶來更多的歡樂。比起每年多賺一點錢，嚴格遵守自己的健身和健康

作息，更能給自己帶來更多的滿足感。只是換上了乾爽的襪子，一個 BUD/S 學員在地獄週期間就能士氣高漲，即使他的其他身體部位都濕透且冷得刺骨。

「感知就是現實」這句話通常帶有一點負面意味，但這不是絕對的。如果我們改變對逆境的看法，請想像可能發生的事。正如英國探險家歐內斯特·沙克爾頓爵士（Sir Ernest Shackleton）曾說過：「困境說到底只是需要克服。」很簡單吧！如果我們所有人都能擁抱這種思維模式，那麼人生的挑戰似乎就不會那麼糟糕了。不過歐內斯特很與眾不同。

他是英國的極地探險者，曾帶領三支探險隊前往南極，並且是那個時期的主要人物之一，被稱為南極探險英雄時代。在第二次遠征（1907-1909 年）期間，他和三個同伴在南極勘探的歷史上取得最大進展，創新記錄。取得這一成就，歐內斯特在回國後被國王愛德華七世封為爵士。

在 1911 年 12 月，前往南極的比賽結束後，他將注意力轉向了南極洲，通過極點從海到海。為此，他為後來的帝國南極穿越探險做準備，該探險歷時三年。歐內斯特在 1914 年初將他的新探險隊的細節公開出版。他會使用兩艘船。堅忍號會將主要人物帶入威德爾海（Weddell Sea），目的為瓦謝爾灣（Vahsel Bay）。從那裡開始，由歐內斯特帶領的六人小組將開始穿越南極洲大陸。同時，另

一艘船，極光號將在艾尼亞斯・麥金塔（Aeneas Mackintosh）上尉的陪同下前往該大陸對面的麥克默多灣（McMurdo Sound）。然後，該群人將在整個大冰堡（Great Ice Barrier）和比爾德摩爾冰川（Beardmore Glacier）之間建立補給站。這些倉庫將儲存食物和燃料，這將使歐內斯特的船隊能夠完成在整個非洲大陸 2,900 公里的旅程。聽起來超有趣的吧？

傳說，歐內斯特在《泰晤士報》上刊登了招募探險隊的廣告，寫道：

> 是男人都會想要的危險旅程。低工資，酷寒，長時間、無盡的黑暗。無法保證可以安全回家。要是成功，可獲得榮譽和名聲。

聽起來就像海軍海豹部隊的招募海報！我們的海報可能會是：

> *低工資。比你想像的還要痛苦。潛在的死亡風險。但是，你將成為菁英戰士，為國家服務，並斬除世界的邪惡勢力。*
>
> *——山姆大叔*

我知道你在想什麼，你想著：噢，聽起來真蠢。歐內斯特肯定

不是行銷專家，也沒有做人資職務的才能。祝他好運！事實上，在接下來的幾週，有五千名瘋狂的笨蛋應徵這次探險。這些人顯然是瘋了！也許他們都認為廣告是個玩笑，但這真的不是玩笑。一般而言，這些應徵者會說：「請給我來點痛苦、折磨，還要厄運和死亡的可能。」只要承諾冒險和可能取得的顯著成就，就足夠了。

一如往常，墨菲定律又出現了。在岸勤小組還沒能運送到陸地前，困在浮冰中的堅忍號正承受著緩慢撞擊，災難降臨在探險隊身上。逃難的船員在海冰上露營，度過痛苦的數月，以有限的口糧維生，輔以生的海豹肉和狗肉。當然不會有 ChapStick 護唇膏可以吃。紳士們，擁抱逆境吧，是你自己要報名的！沙克爾頓的徵才廣告實在很切實。

終於，冰融化了，足以讓他們搭救生艇到達象島。他們在充滿暴風雨的海洋中航行 720 海里之後，定居在南喬治亞島（South Georgia）。這是歐內斯特最著名的探險。1921 年，他要重返南極，將船停靠在南喬治亞時，他死於心臟病發。應他的妻子要求，他安葬於南喬治亞島。

歐內斯特・沙克爾頓爵士是個有雄心壯志的人。除了他的遠征，他的人生整體而言是不安穩也不成功的。在他尋求快速致富和安全感的過程中，他創立了不賺錢的公司，死的時候負債累累。他去世時，受到報章媒體讚揚，但沒過多久就被世人給遺忘。在二十

世紀後期，他被後人重新檢視，迅速被拿來做領導力的表率，因為他能夠在極端的情況下凝聚團隊合作的力量。

正如我們在第三章所討論的，也許有人會爭辯，他的核心價值可能被錯誤的價值觀驅動，但顯然具有推動他實現崇高目標的驅動力。同樣的驅動（內心的火）最終挽救他的船員生命。他的職業生涯滿是極度的痛苦，那也是他為了追求自己的熱情所做的選擇。

心理模型

受苦的練習

在我的創業冒險初期，我感覺很像歐內斯特爵士。漂流在未知的水域中，在資源不足下營運，不確定是否能安全回家，偶爾必須生食海豹肉。我承認，創業非常具有挑戰性和很大的壓力，但也非常有成就感，因為它為我所有。它是我再度選擇的痛苦。正如我曾提到，新創公司的失敗率與海豹部隊培訓的淘汰率很接近，但是我不在乎。因為我已經將舒適圈的界限推向超出想像的地方，所以我知道這條道路也可以成功。路上不乏障礙、焦慮和失敗，但最終會看到成功。

　　因此，這不僅是在選擇自己願意遭受的痛苦時要思考更周詳，更是在於如何承受適當的痛苦。幾乎每一本心靈勵志書都在講如何得到快樂，如何被賦予權力並進行正向的自我對話，如何談一場美好的戀愛，如何積累財富……換句話說，如何成為除了無法逃避受苦的人以外的任何人，而我們大多數人在生命的某些時刻都是這樣的人。既然我們都經歷過痛苦，那為什麼要抗拒它呢？最好去擁抱它、理解它、學會與它和諧共處。最好去了解我們遇到痛苦時採取了哪些步驟，並學習如何更健康地度過生命中的摸索期。

　　「擁抱逆境」模型的五個痛苦的練習皆有研究根據，這些練習可以幫助你在艱困中成長。

1. 找到讓你安心的同伴關係一起面對痛苦

　　痛苦是在關係中必須處理的課題。我們每個人都需要有人能陪伴我們走過苦難之旅。從研究和經驗，我們可以知道，社會支持在幫助人們面對考驗，並且從考驗中成長，都發揮了很大的作用。你需要有人為你提供安全場合，讓你表達痛苦的真實感受。雖然對於正在經歷低潮的你，這很困難，但你需要盡一己之力去與他人保持聯繫，並展現脆弱的一面。人在苦難中成長時，往往會經歷的正面改變之一，是能夠更深刻欣賞脆弱。

2. 面對、表達你的情緒

　　一旦找到與你在苦難之旅同行的人，你便需要貼近並表達自己的情緒，而不是壓抑和逃避情緒。眾所皆知的是，分享與苦難相關的情緒會帶來正面結果。相反地，研究顯示壓抑情緒會導致負面結果，例如會增加焦慮和憂鬱的發生。為此，你會需要情感安全的人際關係。你必須相信自己的脆弱情感會得到愛和同理心的對待，當你在安全的人際關係中表達自己的真實情感，就會啟動一系列的正面效應。你與他人擁有更強烈的連結，這行為本身就是療癒。另外，你開始在你的生命故事中看見痛苦的意義。

3. 好好地從頭到尾處理痛苦的情緒

　　一旦開始談論並感覺你承受的痛苦，請順從感覺，直到情感弧線的盡頭。該原理來自一個理論，有時被稱為情緒功能理論，它說明情緒基本上是有適應力的。情緒會自動評估生活中的事件，情緒會提供重要的資訊，並讓你了解什麼是能帶給你幸福的重要事物。例如，悲傷有適應力，因為它可以幫助你感受失去。就強度和清晰度而言，情緒具有自然的弧度或漸進性。當你開始感受到試驗的影響時，你可能會開始重新審視現況。重要的是，不要在這個階段止步。你需要更全面擁抱自己的情緒，才能體會它的適應力優點。若你與信任的人進行此過程並延續情感弧度時，意義會變得更加清

晰，並且在充分體驗自己的真實情感之餘，你會感到輕鬆自在。

4. 反思並重新排列你的優先順序

　　試驗可以讓你重新思考生活中的優先事項，可以使你成長。但是，你必須認真思考對你真正重要的事情，然後有意改變自己的生活習慣和節奏，以便與修正後的重要事項保持一致。這可能代表你要花更多的時間與伴侶和孩子相處，並珍惜與他們在一起的時時刻刻。這可能意味著你得接受甚至擁抱自己的侷限，像是輪到做別的事情的時候，待辦事項的下一項任務尚未完成，但要相信自己會按優先順序完成任務。或許也意味著透過人際關係而非成就，找出自我認同的價值。

5. 利用你的痛苦經驗幫助他人

　　許多人會在幫助那些經歷類似問題的人的時候，發現重大的意義。即使別人並沒有遇到你所遇到的相同挑戰，利用痛苦驅動你去同情、同理他人，也是讓自己從痛苦中得到救贖的一種方式。這可以幫助你從中創造意義。許多患有創傷後壓力症候群的退伍軍人因為服務退伍軍人同胞而找到平靜。研究表示，自我療癒的其中一種最有效方法是做志工服務。同理，殉職軍人的傷心父母會以子女的名字成立基金會，這是他們的核心原因。坦白說，這就是為什麼我

會擔任海豹部隊家庭基金會的董事會成員，也指導年輕人參加並通過海豹部隊培訓計畫。現在，起身，去尋找比自己更偉大的動機。相信我，你絕不會後悔。

好極了，然後呢？

因此，無論我們所經歷的痛苦和情感障礙是自願或非自願的，練習刻意吃苦必然會帶來更好的生活。通過培訓的 BUD/S 學員可以忍受痛苦，甚至主動靠近痛苦，因為他們選擇接受它，作為實現更美好的人生的手段，作為到達特定目標的途徑。對於菁英運動員、成功的企業家或選擇擴大自己的舒適圈以追求夢想的人來說，也是如此。只要我們好好利用，這就是我們所有人都能做到的事，就看你願不願意。如果你擁抱逆境和隨之而來的有益的麻煩，那麼無論你如何定義它們，你最終都會發現自己的偉大之處。

挑戰自己，找出自願和非自願的痛苦，以及其中的意義。思考你可以如何從最艱難、最痛苦的時期裡獲得益處，亦可以獲得什麼觀點，並將其應用在自己的想法轉變。

幫助自省的問題

○我可以在近期的生活中發現哪些問題？在過去又有哪些問題？它們源於好決定還是壞決定？

○在追求進取和新機會時，我是擁抱我面臨的挑戰，還是讓自己因為這些障礙掉頭走人，走回我的安全小窩？

○在生命中承受更多風險，我可以得到什麼潛在的滿足感？

○什麼事物讓我願意吃苦，為什麼？

○我能改變自己對非自願的苦難的看法嗎？

○透過刻意痛苦，我發現自己身上有什麼潛在的美好特質？

第三部

開始行動：執行、執行、還是執行

在沒有指令的情況下，我將扛起責任。

——海豹部隊精神宣言

第八章

有紀律、有擔當，
讓你贏得更多

最先最好的勝利莫過於勝過自己。

——柏拉圖

在 BUD/S 的初期，所有學生被分配到各個船隊，一個船隊由六名入伍學員和一名擔任領隊的軍官組成七人團隊。這是在教育海豹幹員預備生要像上戰場一樣在小團體中認真做事，需要團隊合作、溝通、紀律和責任心，這是在任何情境下取得團隊成功的最重要技能。團隊紀律和責任心取決於「個人」紀律和責任心，並要求每個團隊成員全心投入。獲勝最多的船隊成員比起自己，更在意身邊的同伴，因此能創造出高效能的重疊網絡。

我們講求紀律，我們期待創新。

——*海豹部隊精神宣言*

在地獄週，許多活動牽扯到與其他船隊的競爭。有些船隊很快就進入狀況，他們紀律嚴明，並且合作實現團隊目標。每個團隊成員用最高標準對待自己和其他成員。當他們未達成要求時，他們會匯報並運用學到的經驗教訓以進行持續改進。日語的 Kaizen，旨在抵抗發展停滯的高原期，即是永遠不要對現狀感到滿意。它的直譯是「持續改進」。在最艱苦的時刻，這些船員在彼此身上找到力量。領導者透過攬下最艱鉅的任務、承擔超出團隊負荷的重量來激勵團隊。他們持續得勝，其他船隊屈服於痛苦、受苦和悲痛而分裂。他們受到外部影響，使他們的個人和團隊的紀律和責任心崩壞。隨後發生內鬥和互相指責。他們總是輸。

有時，教練會執行我所謂的領導力實驗。他們將從贏得全部或大部分比賽的船隊的領導者，與輸掉大部分比賽的船隊領導者互換，然後靜待後續情況。跨越各個班級，最終結果相當一致，並且非常神奇。在善於激勵的新領導方式之下，總是吊車尾的船隊幾乎立即跑到排名中間或前面。為什麼？因為領導者知道如何快速改變個人心態和團隊文化。重燃他們的野心。給他們共同的熱情：願意為團隊取得勝利，透過紀律和責任心。他們受到鼓舞，變得團結，

並且在情感上認同在新的任務下工作。

　　同時，在看似很差的新領導之下，贏得多數比賽勝利的船隊仍然持續領先！這是為什麼？因為每個團隊成員的勝利文化和心態已經根深蒂固，所以任何人或外部因素都無法破壞他們打造出的文化、心態。即使在最惡劣的條件下，他們所建立的個人和團隊紀律的程度也是堅不可摧。他們在逆境中茁壯。

　　在 BUD/S、SQT 及其他特種任務單位的選拔計畫中，教練會很重視來自同儕評審的分數資料。班上成員會定期對同學進行匿名排名，也會有給予解釋的機會。如果你曾經在公司參與過 360 度績效評估，那麼你可以理解我們是如何進行的。想像一個發揮極致、風險很大的 360 度績效評估。排名持續墊底的學員將被帶入董事會審查，並考慮讓他退訓，但是，該學員被同儕給予差評的原因可能並非是你想像的那樣，並不是因為他不是最快的跑者、最強的游泳者或最熟練的槍手。這關乎他的行為舉止，這種學員缺乏紀律、正直和責任心，他們沒有做到比起自己，更在乎團隊的需求。他們害怕失敗，因此不會承擔計算過的風險。他們缺乏創造和創新的能力。原則上，你不會希望在拉馬迪（Ramadi）交戰時是他們站在你身旁。

　　紀律和責任心不僅能幫你成為人生贏家，也能通往真正的幸福美滿。我敢肯定，你遇過某些人，總是投入必要的功夫和努力在所

有任務上，無論是他們的工作、嗜好還是健身目標。他們的成果或產出卻總是很慘澹。又有另一群人，花費相同時間和力氣，總是處於持續改善的狀態——持續進步。如果兩組人馬都花費相同的時間，為何結果會有所不同？研究這一主題讓我認識了安德斯・艾瑞克森（K. Anders Ericsson），他是瑞典出身的心理學家，佛羅里達州立大學心理學教授，康拉迪傑出學者，他以對高成就和專業人士的研究享譽國際。

艾瑞克森・米高・普利圖拉（Michael J. Prietula）和愛德華・寇克利（Edward T. Cokely）在《哈佛商業評論》發表的文章「如何打造成一名專家」描述對刻意練習的深刻見解。他們認為，不只是投入練習時間的量，更是在於我們追求持續改進的方式。我沒有因為在太平洋漂浮了數個小時，就成為公開水域游泳運動員。你不會僅僅因為與好友一週三天去球場揮揮桿，就能成為一名出色的高爾夫球手，尤其當你一直都在球場猛灌啤酒，那更不可能。可以想像，即使是頂尖的熱狗大胃王冠軍也會在他的領域刻意練習。

在該文章的開頭，他們搬出芝加哥大學教育學教授班傑明・布魯姆（Benjamin Bloom）的研究，這位教授寫了一本劃時代的著作《開發年輕人的才能》，該書探討了發揮才能的關鍵因素。布魯姆的研究著重於找出除去努力，還有什麼因素能培養出真正的專業。他的研究集中在音樂家、藝術家、數學家和運動員。他強調了

作為差異化因素的三大重點：

1. 高強度且高專注的練習。
2. 與敬業的老師一起學習。
3. 在重要的發展時期得到家人的支持。

從該文章節錄一段值得一讀的文字：

前往真正高度成就的旅程既不適合膽小鬼，也不適合沒耐心的人。發展專業需要奮鬥、犧牲和誠實，通常也需要痛苦的自我評估，沒有捷徑。你會需要至少十年的時間練就專業，你需要明智地運用時間，透過刻意練習，這種練習側重在做那些超出你當前的能力和舒適的任務。超越舊有的舒適圈需要極大的動力和犧牲，但這是必要的紀律。

我們為了戰爭受訓，為了勝利而戰。

——海豹部隊精神宣言

為了說明這一點，近距離格鬥（CQC）是每個海豹幹員必須要學好，也是最重要、最不幸的相關技能。在過去的二十年，我們進行的大部分作戰都是在城市進行，像是大城市和密集的鄉村小

鎮，這可以說是最危險的戰鬥方式，因為會有來自四面八方的威脅。CQC 訓練主要在稱為「殺手屋」的建物中進行。我們著名的訓練座右銘是：「緩慢而平穩，平穩而快速」。基本上就是，「先做，再做得更好，最後做得又快又好」這樣的哲學。你先在 BUD/S 開始學習行規，再開始在 SQT 精進你的技能。由於這種訓練的特性極為嚴峻，從訓練中最快被淘汰的方法就是在殺手屋內違反安全規定。我們在現場射擊場景中進行訓練。沒錯，在狹窄的空間內有真正的子彈。目的是緝捕或消滅敵方的威脅，而不會射中隊友的腦袋或擊斃無辜的非戰鬥人員。

在殺手屋中，訓練有素的海豹教練從穿過整個建物的通道上看著每個人的一舉一動。有一種訓練項目是，小隊要破壞一扇大門，動態進入房子，沿著走廊逐一將各個房間淨空。每個房間都有不同場景設置；武裝戰鬥人員與非戰鬥人員混雜在一起，有人質的情境，不同的家具配置等等。握有你的生死將來的教練會非常仔細地觀察每一個動作，包含身體姿勢、腳的移動、適當的速度、槍口規矩、遵循最佳做法，應有盡有。哦，還有，別射到人質！這會帶給你嚴重的懲罰。例如，我們在彭德爾頓海軍陸戰隊基地的殺手屋旁邊有一個無敵陡峭的小丘，真的是一座小山。如果你沒有射中目標、射到人質或違反安全規定，你就得穿著全套重裝，跑完整座山丘。

我們所有的訓練都是刻意的，正如海豹精神宣言：「我的訓練

從未結束。」持續不斷的改善對我們的生存至關重要。令人痛苦的自我評估（和同儕反饋）是我們提升表現的良方。這組連續動作將會擴展你的舒適圈到你不曾想像過的極限。我們刻意練習、評估表現、再練習。

團隊責任心

　　如前所述，個人紀律和責任心也可以直接適用於團隊的成功。在我的第一本書《先發制人：海豹部隊團隊管理的十大黃金法則》（*TakingPoint: A Navy SEAL's 10 Fail Safe Principles for Leading Through Change*），我認為責任心是在任何團隊情境中實現卓越績效的最重要的核心價值，尤其是它攸關如何在充滿多變性與不確定性的亂世中——這個全世界都熟悉的戰場中，度過難關。

　　與你分享愛拉里斯醫療系統公司（Alaris Medical Systems）前執行長戴夫・施洛特貝克（Dave Schlotterbeck）的故事。這一個案例分析，要看一位領導者學會改變他的組織，藉由建立擁抱完全責任感的文化，為公司帶來豐厚的營收。儘管他的組織並沒有受到新冠肺炎衝擊，也沒有遭受大批飢餓的蝗蟲攻擊，更沒有收到死亡

或斷手腳的威脅，但這個深入的歷程證明了責任感是通往真正變革的道路，無論是私人領域或專業領域，團隊或個人。戴夫知道他需要改變愛拉里斯的組織文化。人們出於對失敗的恐懼而迴避風險、逃避機會，這完全缺乏紀律，就像 BUD/S 一直輸掉比賽的船員一樣。組織中的每個人都更在意要保護自己和找到另一份工作，而非追求公司需要的結果。戴夫意識到，他要改變結果就必須先改變心態，人們互動和工作的方式即是文化。因此，他找出一種組織改革的新方法。我將其稱為「文化導向改革」。

戴夫啟動重新定義公司習俗和信念的過程，使他們更好地與實現期望結果所需的行動保持一致。他改變了愛拉里斯的企業文化，本質上也改變了醫療系統產業的格局。在短短三年內，愛拉里斯的股價從每股 0.31 美元增加到每股 22.35 美元，在競爭者獲得不超過 3％的市場中，每年增長幅度高達 15％。過了不久，該公司被《財富》前 20 名的公司卡地納健康集團（Cardinal Health）收購，隨後又成為康爾福盛公司（CareFusion）的核心業務，這是 TakePoint Leadership 的客戶之一。如今，康爾福盛公司已成為世界上最大的醫療設備供應商之一。戴夫認為愛拉里斯的文化變革是他在傑出的四十年職業生涯中必須完成的「最艱鉅的任務」，但這也是他最引以為傲的事。為什麼？因為這他媽的太令人不舒服了——這是我的話，不是他講的。學習如何改變，且快速改變文化，

這是新的領導技能的重點部分，它需要在動盪、不確定、複雜和模糊的環境（無論是企業、家庭、人際關係還是戰場）中操作。

根據這則故事，可以理解紀律和責任心不僅適用於團隊，也適用於我們私人和專業領域的表現。

★ ★ ★

上初中時，我愛上攀岩，我享受著身體和精神上的挑戰，並發現自己喜歡登高。我和我的雙胞胎兄弟每年夏天都會參加硬派探險營，包括攀岩、攀冰和登山。在我們高中畢業之時，我們已經是相當熟練的登山者，已經登過北美幾個最高的山峰。然而，我的雙胞胎兄弟比我厲害得多。從懷俄明州冰雪覆蓋的溫德河山脈到哥斯大黎加的叢林，肯定有一些有目的性的、帶著祝福的痛苦，在為我的海豹部隊的職業生涯做準備。那些熱愛登山攀岩的人各有不同的理由。有些人純粹是瘋子，以艾力克斯‧哈諾（Alex Honnold）為例。他是該領域的專注力和紀律大師。艾力克斯在優勝美地國家公園的一輛露營車中生活了十多年。他不是無家可歸的人，他只是想住在露營車裡，得以每天用整天的時間攀岩。他以獨自攀登大石壁出名，石頭有多大？超級大。我說的徒手攀岩是什麼意思？意思是不使用任何繩索。

艾力克斯是回憶錄《獨行大岩壁：攀岩奇才艾力克斯‧哈諾築夢之旅》的作者（與大衛‧羅伯茲〔David Roberts〕合著），也

是 2018 年傳記紀錄片《赤手登峰》的主角。正如他的其中一名攀岩友人、同僚在紀錄片的採訪中所說：「想像這是一場奧運比賽，要是你沒有贏得金牌，下場就是摔死。」

艾力克斯出生於加州沙加緬度。他從五歲開始在體育館裡攀岩。十歲時，他每天都在攀岩，十幾歲的時候就參加了許多國內和國際的青少年攀岩錦標賽。他找到了熱情所在，並且極度有紀律地追求他的熱情。他很刻意地練習。

他在滾石雜誌的採訪中說到：「小時候，我從來都不是很遜的攀岩手，但也不是厲害的攀岩手。還有很多攀岩手比我強壯許多，他們從小就開始攀岩，很快就變得異常強壯，而且像個天才。那絕不是我，我只是喜歡攀岩，從小時候開始我就一直在攀岩，所以我自然會變得更強，但我不覺得這是天賦。」

好吧，隨你怎麼說，艾力克斯；隨你怎麼說。

他在 2012 年單獨攀登半圓頂西北壁常規路線之後獲得大眾的注目，並參與拍攝電影《赤手登峰》和隨後的《60 分鐘》（60Minutes）訪談。2014 年，Clif Bar 公司宣布不再贊助艾力克斯和其他四位攀岩家，他們都是徒手獨攀者。該公司在一封公開信中寫道：「我們的結論是，這類攀岩手法正在越界，我們作為一家企業不願意為此鋌而走險。」簡單來說，就是：我們再也無法支持你們的這種瘋狂和有自殺傾向的行為！

　　2017 年 6 月 3 日，他進行了酋長岩（El Capitan）的首次徒手獨攀，在 3 小時 56 分鐘內完成了將近 900 公尺的自由行（Freerider）路線。這一壯舉被形容為有史以來最偉大的運動壯舉之一，由攀岩家兼攝影師的金國威（Jimmy Chin）記錄下來，做為 2018 年的紀錄片的主題。好消息是，這部電影並沒有化為悲劇！

　　是什麼讓他如此出色？因為他超級超級專注在攀岩。事實上，攀岩是他真正關心的少數幾件事。那樣的熱情推動了紀律和責任心。他用熱情和才華回饋社會。哈諾基金會（Honnold Foundation）是一個非營利組織，致力於將太陽能推廣到貧困的社區。艾力克斯不僅利用自己的名聲和人脈來支持這一目標，而且每年還將其收入的三分之一捐贈給基金會。

> 有趣的事實是，研究證實當我們的熱情可以帶領我們付出比自身偉大的事業時，我們就會更成功，獲得更大的成就感。

　　在我們短暫的一生中，只能將注意力投資在有限的事物上。如果我們試圖關注所有事物，追逐每一個經過身旁的耀眼事物，或擁有太多目標，我們最終會很平庸。多方發展代表你做的很多事情都只是半吊子。我們必須做出選擇，我們必須排好優先順序，以便執

行。對於艾力克斯而言，就是攀岩。對於大衛·果金斯而言，是跑步以及其他荒謬地痛苦的努力。對於歐內斯特爵士而言，是探險。對於路易士而言，單純是生存。對我而言，是和妻子約會。我寫這個是為了求生嗎？真該死，我就是。

幸福美滿來自專注、紀律和自律。這個說法可能很難讓人相信，尤其是當我們面對眼前豐盛的吃到飽、賺快錢的機會或者睡懶覺的誘惑，卻選擇騎飛輪。但研究結果顯示，懂得自律的人更快樂，為什麼？因為我們有了紀律和自律，實際能完成更多我們真正關心的目標。

> 是你，而非外在事件，對你的想法擁有主導權。了解這個道理，你將找到力量。
>
> ——馬爾庫斯·奧列里烏斯

自制力較強的人較少花時間去爭論是否要沉迷於與自己的價值觀或目標不符的行為和活動。他們比較果斷。他們不會讓衝動或感受左右他們的選擇。相反地，他們會做出明智的選擇，即使這些決定涉及一些評估過的風險。他們建造自己的信念和為了實現理想的結果所採取的行動。因此，他們不容易受到誘惑猛獸分心，往往也對自己的生活感到更滿意。

心理模型

學會自律

你可以採取一些行動來學習自律並獲得意志力，使自己活得更幸福、更充實。如果你想知道如何管理自己的習慣和選擇，這裡提供九個最強大的步驟，讓你學會自律；同理，自律對於跨出舒適圈的生活是不可避免的，它甚至可能賦予「非凡」新的定義。

第一步：了解自己的弱點

我們都有弱點。無論是對菸酒、垃圾食品、社群媒體的沉迷，還是線上遊戲《要塞英雄》（順便說一句，這款遊戲到底是怎麼回事！），這些帶給我們的影響是相似的。弱點不僅表現在我們缺乏自制力的領域，我們都有擅長與不擅長的事物。例如，我不喜歡困難的談話（如我之前提到的），冗長的文書工作，牽涉到找出我從未保存好的舊文件，有人朝我開槍時控制我的脾氣，撿狗屎，或撥打語音電話。因此，我積極（或刻意）從事這些活動。所以，我努力正面解決這些問題，或將問題委託給其他人。（永遠不要忘記委託的微妙藝術！）

自我覺察是擴大舒適圈的有力工具，但它需要不斷關注自我，並承認自己的缺點，無論這些是什麼樣的缺點。我成長時期患有嚴重的過敏和氣喘，加上視力很差。考慮成為海豹部隊士兵時，這些都是很明顯的弱點。但是那又如何？我經過踏實的訓練，改善了肺功能，也用自己的積蓄去做近視雷射手術。人們常常試圖假裝看不見自己的缺點，或以固定思維屈服於它們，舉雙手投降，然後說：「唉，沒辦法。」除非承擔自己的缺陷，否則你將無法克服缺陷。當貝塞斯達醫院的醫生將傑森再也無法做的事寫成一份清單，傑森做了什麼？那就對啦。

如果你還沒被高速自動機槍打中，那就沒有任何藉口。

第二步：消除誘惑

俗話說：眼不見，心不念。聽起來有點愚蠢，但這句話提供了有用的建議。只要消除環境中最大的誘惑，你將長足的提高自己的自律能力。謝謝誘惑之虎的邀約，但是你會拒絕放蕩的一夜。當我決定要追求崇高的目標成為海豹突擊隊時，一切都必須改變。如果您想要吃得更健康，請丟掉垃圾食物。想少喝一點嗎？把酒都扔了吧。想要提高工作效率，請關閉社群媒體通知並將手機調成靜音。決定優先順序並執行。擁有愈少分心的事務，你就會愈專注於實現目標。擺脫不良影響，為迎接成功做好準備。

第三步：設定明確的目標並製定執行計畫

如果你希望實現更大的自律，就必須清楚地刻畫出自己希望實現的事，實現任何目標都是一樣的道理。你還必須了解成功對你的意義。畢竟，如果你不知道要走的路，就很容易迷路或走錯路。記住要釐清優先事項。我們與公司客戶一起做策略規劃、執行和組織轉型時，我們會提醒：有十個優先事項代表沒有優先事項。

清楚的計畫粗略描繪出實現目標必須採取的每個步驟。如果你想成為超級馬拉松選手，我們大多數人都不是從 100 英里的比賽開始的。爬行、行走、奔跑。創造一種咒語，使自己保持專注。成功人士會使用這個技巧維持行走在正軌並建立明確的終點線。在 TakePoint Leadership，我們稱其為引導隱喻，你可以將其視覺化並與它產生連結。例如，一個客戶使用「網前截擊」，因為他喜歡網球，並且目標是在公司中扮演更積極的角色。在接下來的幾頁中，我將提供可用於幾乎任何目標的詳細模型。

第四步：練習每天用功

我們不是天生就會自律；這是一種後天習得的行為。就像你想掌握的其他任何技能一樣，自律也需要每天反覆練習。它必須成為習慣的行為。但是自律所需的精力和專注力可能會用盡。隨著時間的流逝，控制意志力變得愈來愈困難。誘惑愈大或決定愈大，應對

也需要克制自己的其他任務所面對的挑戰也愈大。因此，以每天用功來建立自己的自律能力。再回到第三步。為了練習每天用功，你必須有計畫。將其放在你的行事曆、待辦事項上，然後選擇最適合你的方法。藉由練習，每個人都可以每天完成一些煩人的事情。

第五步：培養新習慣的祕訣是將事情簡單化

養成自律和努力培養新習慣，一開始會讓人感到極度困難，特別是你專注在眼前任務的全貌。為防止被難度嚇跑，請簡化它。將目標分解成細小又容易做的步驟。與其嘗試一次改變全部，不如專心在持續做一件事，並牢記這一目標，學會自律。正如我們在海豹部隊所說：「先完成小目標，就會實現大目標。」

如果你正努力鍛鍊身體，但又沒有經常（或從未）鍛鍊身體，那麼就從每天運動十到十五分鐘做起；如果你想養成更好的睡眠習慣，請每晚提前三十分鐘上床睡覺。如果你想吃得更健康，請改變你的採買習慣，並在前一晚準備好隔日的午餐，以便你早上帶便當出門。踏出小小的步伐。最終，等你一切準備就緒，就可以將更多目標放進到待辦事項。

第六步：改變你對意志力的看法

如果你認為自己的意志力有限，那麼你可能不會超越這些限

制。我們已經討論了意志力將如何隨著時間的流逝而枯竭，但是如何改變這種看法呢？認為自己可能不會通過培訓的 BUD/S 學生是不會成功的。為什麼要假設我們的得勝決心只有這種程度呢？當我們抱持意志力無限的心態時，我們將持續成長，取得更大成就並養成心理韌性。這與設定「延伸目標」的理念相同。

簡而言之，我們對於意志力和自制力的內心觀念可以決定我們的紀律。如果你可以消除這些潛意識的障礙，真心相信自己可以做到，那麼你將更有動力實現這些目標。

第七步：給自己一個應變計畫

在海豹部隊，我們總是有應變計畫。心理學家使用一種稱為「執行意向」的手法來增強意志力。那就是當你想出一個計畫，以應對可能遇到的潛在難處。確切地說，我指的並非以你的原計畫可能失敗為前提，準備的備用計畫。假設你渴望成為馬戲團裡的空中飛人，卻對自己說：「好吧，我可能是很爛的空中飛人，所以我可能要堅持打迷你高爾夫。」那真是個很爛的應變計畫，是以平庸欺騙自我。我們談論的是刻意修正的意外狀況，而不是為失敗做計畫。請大膽前進。

制定應變計畫將幫助你適應這種情況所需要的心態和自制，也不必受當下情緒影響做出突然的決定，從而節省精力。

第八步：找到可信賴的教練或指導者

建立專業知識需要能夠提供有建設性、甚至令人痛苦的反饋建議的教練。真正的專家是極具動力的學生，他們尋求這種反饋。他們還擅長理解教練的建議何時、是否對他不管用。我認識並共事過的優秀人物總是知道自己做對了什麼，同時專注在自己做錯了什麼。他們特意選擇沒感情的教練，那種教練可以挑戰他們，迫使他們取得更高的成就。最好的教練還會指出你的表現中需要改進的部分，並幫助你做準備，進入更高的表現水準。

第九步：原諒自己，繼續前進

即使我們盡了最大的心願和周密的計畫，我們有時也會沒有達成目標，這難免會發生，你會有跌宕起伏，大獲成功和慘澹失敗。關鍵是要繼續前進。我一個非常要好的海豹部隊友人有一個終生的夢想，即不僅要在海豹部隊中服役，還要成為我們第一級特別任務單位的一員。他具備該部門可能想要的所有資格，但由於某些原因，他們在他的首次申請並沒有選擇他。他沉浸於悲傷嗎？一秒也沒有。他立即制定計畫，參加更多大學課程，並且更加努力地訓練，他還調動到其他小隊，以便下次有更多機會被選中。輕輕鬆鬆。

如果摔跤了，找到根本原因並繼續前進。不要讓自己陷入內疚、憤怒或沮喪之中，因為這些只會使你情緒低落，還會阻礙未來

的進步。從你的失誤中學習並原諒自己。然後重新回到現實中，勇猛執行。

好極了，然後呢？

對於初學者而言，請你們選擇遵守更嚴格的紀律，讓自己承擔更多責任！這些是只有你才能做的決定，沒人可以幫你。

給自己一些時間，在特定領域內全面地發揮紀律和責任心。請記住，有紀律的心智會引導出有紀律的思想和有紀律的行動。例如，我發現在體格上有更嚴格的紀律和個人責任感，可以讓我在企業領導力方面，更有專注力和行動力。這樣想好了，如果你必須衡量自己的自律能力，那麼從 1 到 10，你會給自己打幾分？要對自己誠實。自律是成就的基礎，不僅能實現大型目標，也能做好日常簡單的任務和雜務。

沒有一點自律，我們就會像水母般活著，被外力、環境、媒體、家人或同事影響，隨波逐流。擁有自律，意味著握緊生命的方向盤，成為執行者而不是隨便的人。

幫助自省的問題

○當我做出承諾時，無論輕重，我會遵守嗎？

○做出決定後，我多常改變主意？

○我是否打算在早上起床做某事，卻不斷將其推遲，而當一天結束時，它仍然沒有完成嗎？

○當某項活動、任務或雜事很困難並且耗時，我會堅持做下去？還是做了一段時間後放棄呢？

○如果我對上述問題的回答指出自己的紀律和責任心低落，那麼我接下來要做什麼？

第九章

為爆發的執行力
塑造良好的心態與行為

成功在於做出巨大而有決心的行動。

——東尼·羅賓斯（Tony Robbins）

伊拉克某處

2:00AM

我們的四架 CH-47 契努克直升機在貧瘠的沙漠上空低空快速飛行，載著兩排海豹部隊士兵和波蘭特種兵，正向目標前進：一座大型水力發電廠和敗退的伊拉克軍方占領的大壩。我們的任務是攻擊、占領和控制該發電廠，直到常規美軍到達為止。關於保衛這座發電廠的敵軍規模及組成等方面的情報，皆不詳盡。然而，據情報

機構敘述，他們的意圖是摧毀大壩，導致大量能源和電力中斷，並淹沒下方的土地。我們的任務是確保這種情況不會發生。

這是我們在伊拉克的第一個作戰任務，而我們甚至還沒在「國內」作戰過。當我們執行此任務時，我們仍在科威特的阿里・塞勒姆空軍基地駐地，與海豹三隊進行交接。作為我們這排的直升機繩索懸掛技術（HRST）的主要負責人，我的首要任務是準備直升機並監督快速游繩降接近目標的過程。我坐在直升機開著的門旁邊緊緊纏繞的綠色粗尼龍繩上，監控我們朝目標座標的進程。我因鳥群激起的陣陣寒風而微微發抖。儘管外面氣溫大約 21 度，但與白天的熱度形成鮮明對比（白天的氣溫遠高於 38 度），使腦子和身體產生懷疑。我們已經連續飛行約三個小時，雙腿發麻，身體僵硬。夜空晴朗，滿月高掛，這使我們更容易看到下方的風景，但也使我們的直升機成為敵人眼裡輪廓清晰的目標。丘陵、沙丘和棕櫚樹點綴了我們下方的土地。

「十分鐘。」命令從無線電傳來，現在我們都醒了。每個人傳遞了信號：十根手指，並檢查了武器、無線電和夜視鏡。每個人都仔細地為他旁邊的人做二度裝備檢查。我們都戴上了厚實的焊接手套，可以保護手免受沿著尼龍繩滑下造成的強烈摩擦。

「五分鐘。」現在，我們全都站起來，為跳下做好準備，心跳加快了。每個人都在設想自己的任務職責，強烈的專注力進駐在我

們的腦海中。我們已經日夜不懈地為這項任務進行排練。當我們這排和波蘭 GROM 部隊（精銳特種部隊戰士）被分派到這一項任務時，我們大約有兩個星期的準備時間。我們為戰爭而訓練，為勝利而戰。

　　我們已動用了一切資源來制定任務計畫，進行演練，找出計畫的漏洞，然後再次進行演練。我們為各種可能的突發事件做了計畫和訓練。我們會運用心理演練跑過每一個精心設計的動作、每一個決定、每一個可能的障礙。我們使用發電廠的衛星圖勾勒出該目標物的結構，從著陸區到目標上的每個建築。我們從定義目標開始，確定威脅和必要的資源需求，然後將這些訊息與手邊的情報一起用於確定執行／不執行的標準。以這個標準為始，我們分配了實現目標所需的所有可能的行動：人、事、時。

　　直升機機長與排長俯身確認我們的目標位置。「一分鐘。」每個人都打過信號，伸出一根食指。惴惴不安，我們的領頭指揮官（馬克・歐文，後來成為頂尖特種任務小組組長，也是《紐約時報》暢銷書《艱難一日》、《沒有英雄》的作者），我抓好盤繞的快繩，舉起它，準備扔出去。發電廠是如此巨大，延伸到我們面前的地平線上。即使是我們直升機旋轉中的旋翼發出的強烈嗡嗡聲也沒有淹沒我們下方湍急的水聲。沒有辦法確切知道我們要面臨什麼，而且在那棟建築物和周圍結構中的任何人，也都不知道。我們多年的培

訓就是為了此刻。現在該是時候脫離新手訓練村了。

在著陸區上方 6 公尺處，直升機穩穩地盤旋，我把繩索扔了出去，腎上腺素流竄在我身上 32 公斤裝備。每個滑下繩索的人都豎起大拇指。最後一次擊拳，我們準備出發了。每位海豹幹員快速地一個接著一個，以訓練有素的精準度跳進黑色深淵，抓住粗繩並迅速滑入下方滾滾黃沙的龍捲風中。我們準備好向敵人發動戰爭。

我將是最後一個離開的人。部隊中的最後一個人滑下去的時候把門關上時，我俯身抓住了繩子。一如訓練時的往常，噪音震耳欲聾，引擎氣旋儡人，但，終究還是太魯莽了。雙手握住繩子，我的體重使我前進，並迅速開始下降。一秒鐘後，砰！突然猛烈的震動，我的快速下降動作停下了。

死定了！我立即知道發生了什麼事。儘管部署進行了一年的培訓，並且為此刻意練習了兩個星期，但墨菲定律還是照常來了，任何可能出錯的地方都會出錯。我快速地補充說明，讓你進入狀況。這是我作為海豹部隊的第一個排，所以我是三個新成員之一，而新人要負責扛重物，因此，除了我的防彈衣、頭盔、夜視鏡、小型日用背包、消音處理的 M4 步槍、Sig Sauer P226 9 公釐手槍、裝滿水的 CamelBak 水壺、步槍和手槍的彈匣、收音機和幾枚手榴彈外，我背上還攜帶 13 公斤重的充飽電的圓鋸機，我將它用拉鍊綁在一個舊的帆布背包架上，這樣我就可以後背了。現在那個圓鋸機還卡

在直升機的地板上。我的身體懸在水泥地面上方 6 公尺處，我的手緊緊抓住繩索，彷彿我的生命依靠它，因為也確實如此。下方的河流在直升機停機坪的兩側波濤洶湧。我低下頭，可以看到直升機氣流已將著陸區周圍的鏈條柵欄從水泥分離。

我心想：嗯，我現在真的在擁抱逆境。從現在回想，BUD/S 的嚴刑考驗看起來還不錯。當我快要沒力時，我回頭看著站在我上方的機長。他便知道該怎麼做了，他迅速踢過一腳，將圓鋸機從直升機的地板上踢開，我像自由落體般往下落，我的手似乎沒有減慢我的下降速度。我用力砸中甲板，先是腳，然後是我的背。我的脊椎在巨大的圓鋸機上咯咯作響。慣性使我的步槍擺動並擊中我的臉，在我的右眉下割開 5 公分的傷口，直入骨頭。我的臉上流淌著鮮血，但是一直到隊友問：「兄弟，你到底怎麼了？」我才意識到這件事。

我猛地換氣，很快就動動身，站起來，衝上山坡追上我的團隊。幸運地，在這個高矩陣式的團隊中，我只是一個小齒輪。同時，我正在做非刻意的自殺行為，我們的狙擊手快速降落在主建物的屋頂上，海豹部隊機動單位在周圍開沙漠巡邏車環繞著（簡稱 DPV，可以想像成配有 50 口徑機槍的沙灘車），波蘭 GROM 兄弟迅速降落在他們預定的區域。我們作為攻擊的主力，沿著大門的側壁堆疊進入，設置炸藥，炸開金屬門，使門與鉸鏈分離。我們移

動進入炸開的破口。

終究，我們成功完成任務。我們清空了巨大的發電廠，在前進的過程中捕獲了敵人並消滅了威脅。第二天，我們搜索了位在龐大廠房底下，長達數英里的陰暗潮濕的隧道。我們占領目標物三天，然後交接給常規部隊。我們沒有造成任何人員傷亡，除了一名波蘭隊友在滑下游繩時摔斷腳踝。

★ ★ ★

正如十九世紀的普魯士軍事指揮官赫爾姆特・馮・毛奇（Helmuth von Moltke）說過：「作戰很難按計畫進行。」舉世聞名的拳王泰森（Mike Tyson）提出了更現代的說法：「事前再怎麼計畫也很難預測對手的攻擊。」說得對極了，泰森。重點在於，最好的計畫能經得起考驗，沒有所謂完美的計畫。

一個能立刻執行的好計畫，勝過一個在下週才能執行的完美計畫。

——*喬治・巴頓將軍*

準備和執行勝過整日做計畫，但是你仍然需要做計畫。TakingPoint 領導力課程教我們的諮詢客戶（其中許多是市值數

十億美元的跨國企業）計畫、執行和匯報的模型。該模型的大部分源於我們在海豹部隊的計畫方法。適當的計畫和匯報能打造理想的執行節奏和持續的改善狀態。

　　我可能會問：「你在設定目標時，通常有做好計畫以實現該目標嗎？」你的答案很可能是「當然有。」但是，我們實際的計畫有多成功呢？我們有使用正確的方法嗎？想要變得更堅毅嗎？變得更好嗎？在工作中獲得升遷？開創自己的公司？找到你真命愛人？教養孩子成為健康、友善、負責任的年輕人？泳渡英吉利海峽？憋氣打破金氏紀錄（順道一提，是 22 分鐘）嗎？去華頓商學院攻讀 MBA ？成為海軍海豹部隊或陸軍特種部隊「綠扁帽」？好吧，你有什麼計畫？

　　眾所周知，好的計畫既有長期因素，也有短期因素；個人或專業因素；宏觀或微觀因素；戰略或戰術的因素。因此，無論你打算開設街角咖啡店，考上茱莉亞音樂學院還是攀登聖母峰，都必須有一個計畫，不是隨便一個計畫，你需要使用特定的框架。而且，我要強調，當你有可靠的進擊計畫時，擁抱逆境就變得容易多了。

　　所以，既然你問我，我就告訴你吧。這些所有事項都需要記錄在紙上、Google Doc 或其他任何只要你可以定期參考的形式即可。

第一步：定義目標

目標必須簡潔、可量化、有時間限制並有戰略要點。你問什麼是戰略要點？基本上，戰略要點是長期目的，底下有一系列目標。讓我們看看目標計畫的幾種不同形式。取決於你要完成的事物，我偏好使用稍微不同的方法，混著不同程度的特異性。

例如，若是個人健身目標，我就會想要一個非常具體的計畫。進行馬拉松訓練時，你的目標計畫可能是這樣：直到 2021 年 6 月 1 日，我將在每週使用 XYZ 訓練制度，在三個小時內跑完馬拉松，並在比賽開始前的兩個月內，至少完成兩次 32 公里路跑。

我們與公司客戶進行規劃工作坊時，我們經常使用目標和關鍵成果法（OKR）。在這種情況下，目標是對要實現的目標的定性描述，要有記憶點。目標應該簡短、有啟發性且引人入勝；目標是你（或團隊）可以有情感連結的事物；目標應該要激勵、挑戰你。關鍵成果是一組衡量你實現目標的進度的指標。對於每個目標，你應該有二到五個為一組的關鍵成果。數量太多，你可能會不記得。這是給企業團隊的範例：

目標：創造出色的客戶體驗

關鍵成果：

☑將淨推薦值從 X 提高到 Y。

☑將回購率從 X 增加到 Y。

☑將客戶獲取成本保持在 Z 以下。

每個方法都很有效。重點是你的主要目標明確、有啟發性且易於記憶。

第二步：認清威脅和障礙

現在有了一個清晰簡潔、可量化的目標，你需要開始考慮什麼是阻礙你前進的東西。你想要開一家夢寐以求的咖啡店？那好，列出所有可能使該計畫泡湯的事情。為什麼要打臉你？也許每平方公尺的租金價格比你預期的要高，明年還有可能會再次上漲；地點還行，但並不是最理想的；你不確定顧客流量；你的預算有限，如果一年之內沒有任何成長，那麼你將不得不尋找投資者或關店；大流行病突然爆發，不確定性！這個清單可以繼續寫下去。

一旦列出潛在威脅的列表，就可以將它們分成在你的控制範圍內的事物和控制範圍外的事物。將控制外的先放在一邊。保持狀態意識，但不要浪費太多時間或精力在這裡。你的重點應該放在減少可控制的威脅。專注在你能控制的宇宙。

第三步：列出所需的資源

規劃緝捕高價值目標的 ISIS 領袖？那麼，你需要什麼資源？當地情報、直接行動突擊部隊、快速的反應力、通訊計畫、空中支援、有關該地區敵方行動的資訊、槍炮⋯⋯任何你認為完成任務需要的資源。

請記住，你需要的某些資源可能受你的控制，有些可能不是，你必須請求支援或花錢。參加馬拉松比賽？可能要穿合適的鞋，也許需要一位長跑專業的教練。無論如何，請特別記住這些非立即可用的資源，因為這些資源將需要特定、有時限的「行動」。我們稍後將解決這個問題。

第四步：確定執行 / 不執行

根據完成任務所需的目標、威脅和資源，確定任務是否可以實現。不要將這一步當作簡單放棄的方法。這只是確保目標合理的一種方法，即使這個目標是要做伸展操。例如，在本章前面我描述的任務計畫過程中，沙塵暴是被我們列為威脅的不執行標準，這是我們無法控制的威脅。讓你猜怎麼著。連續兩個晚上，當我們的直升機正在停機坪上準備起飛，但由於沙塵暴，任務被取消了。真是令人震驚！

第五步：應用汲取的經驗教訓

在這一步，你要問自己：「我或我認識的任何人以前曾經嘗試過嗎？」如果有，請回想什麼進行得順利，什麼進行得不順利，以及任何你可以應用於當前計畫的見解。如果你從未參加過馬拉松，那就去找一個有經驗的人，例如朋友、教練或導師。如果你在西雅圖生活時，曾嘗試開一家咖啡店，但一年後不得不關門，那麼上一次發生的情況需要在這次在奧斯汀開店計畫中加以注意。好的、壞的和醜陋的情況都要考慮到。如果你計畫要綁架一名 ISIS 成員，那麼你上次完成類似任務時發生了什麼？

列表不必太長。僅記下這次適用的最相關經驗教訓就好了。有了列表後，你可能需要回去調整目標計畫或關鍵成果。

第六步：建立一個行動計畫

行動計畫是為了實現目標，必須執行的所有有時限的項目列表。這可能代表獲取不能立即為我們掌控的資源，或關鍵績效指標（KPI）和里程碑，而這些里程碑需要從現在起到完成目標之間進行。

這是紀律和責任心重新發揮作用的地方。每個動作都必須具有內容、對象和時間。在你的計畫表上畫出三個欄位。當然，行動本身就是「內容」；「對象」是實現目標的負責人，根據目標，不一

定總是自己。如果這是基於你的年度戰略商業計畫的季度項目，則「對象」欄中可能有四到五個不同的人。「時間」指計畫的時限性，每個行動都需要一個截止日期。

第七步：召集你的紅隊

　　這是規劃過程中最有趣卻通常感到挫折的部分。現在你的計畫已經完成了大約 60％（請記住，我們只要完成 80％就好，待找稍後解釋），現在是獲取他人意見的時候了。在這裡，我指的他人意見是找二或三個其他人為你的計畫找出破綻。

　　首先，挑選一群人，他們對你的人和你的計畫或目的有一定程度的了解，他們是你的紅隊。接下來，提出你的計畫：目標、威脅、資源、執行／不執行的標準，經驗教訓和相關的行動。給他們幾分鐘的時間思考，必要時他們可以提出問題。這一步要操作正確，紅隊成員會輪流說：「你是否考慮過……？」你唯一的回答是：「謝謝。」沒有反駁、沒有爭論。因此，舉例來說，當你提出馬拉松計畫時，你的鄰居（狂熱的跑者）會說：「你認為自己是個懶惰的人，因為你從未實現過健身目標嗎？」在短暫、令人不舒服的片刻之後，你的回答是：「謝謝！」記下你尚未考慮的相關回饋，並利用這些資訊來調整資源需求、威脅、行動或最後一步的突發事件。又或者，決定只跑 5K 馬拉松！

第八步：制定應變計畫

　　畫出四欄。將它們標記為觸發事件、可能需要的其他數據、要採取的措施以及期望結果。根據紅隊的反饋以及你控制下的威脅清單，制定一些應變計畫。請記住，墨菲定律隨時會發生。可能出問題的地方真的有可能出錯，對吧？

　　一定要擒住 ISIS 的壞蛋？好吧，將「未知的目標敵人數量」列為威脅之一。你的應變事項可能是抵達目的地卻發現敵人數量龐大。清楚的關鍵指標是，你很快就會寡不敵眾。行動將變成中止任務，逃離目標，或召喚由全副武裝、士氣高昂的殺手組成的快速反應部隊。如前所述，在計畫合理的情況下，為突發狀況進行演練。

　　例如，當我正在準備大型主題演講或激勵演說，無論我做過多少次演講，我在排練過程中都會保持十分嚴謹的態度。這包括了成功和可能的失敗，都要付諸視覺化，像是設備出問題，觀眾很糟糕，我表現很差，抗議者攻占舞臺，舞臺崩塌了，或是活動比原計畫晚了一個小時，而我要趕飛機。誰知道會發生什麼？所以我們仍然需要有計畫。

心理模型

結果金字塔

我們在這裡，要與過去所有的心理模型做結合。到現在為止，希望你已經找到生活中的某些領域，讓你能夠擁抱多一點逆境，突破舒適圈、實現更高的目標、更有堅持、建立堅毅、恢復得更快、克服不重要的爛事、花更少的時間和金錢在無用的廢物上、移除阻礙你成功的酸民、少花時間和誘惑共處，或以上所有。

那麼現在我們要怎麼做？現在，你已經訂立了「個人價值宣言」。你知道在舒適圈外生活的好處。希望你已經更清楚自己的人生目的和為什麼。你已經確立明確的目標，並且知道如何像海豹部隊一樣進行計畫。最重要的是，了解地獄週有多糟。但是，除非你的目標、信念和價值觀能驅使你採取必要的行動來實現期望的結果，和活出非凡的人生，否則將無法實現自我。面對現實吧。個人、團隊或企業會有兩種類型的結果：現存結果和期望結果。

現在，讓我們談談如何擺脫現存結果，朝著期望結果熱血前進。這些目標對你確實有意義，你真正在意的事物會比你大多了，它們是比自私的慾望更重要的東西。

讓我介紹「擁抱逆境結果金字塔」，它總共有五層。

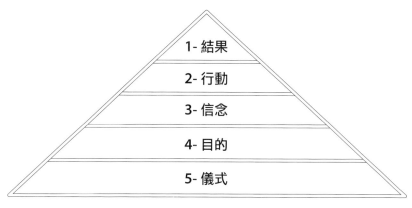

結果金字塔

在金字塔的頂端是期望結果。同樣地，有兩種結果：現有的和期望的。也許這是人生的首要目標，那就是讓世界變得比你以前覺得的再好一些，或者是減重 6.8 公斤的短期目標。無論如何，它必須是一個清晰簡潔、可量化且有時限的目標。

金字塔頂端的下一層是行動。這就是計畫方法發揮作用的地方。期望結果即實現目標的結果。而計畫的部分屬於行動這一層。因此，將計畫放到第二層。

　　金字塔的第三層是信念。現在，我們套入你的個人價值宣言。在這裡，你開始提出問題：我的信念和價值觀會促使我主動採取必要的行動來實現自己的期望結果嗎？那結果是否符合我的信念和價值觀？如果沒有，我應該追求它嗎？

　　第四層是目的。你的首要目的。假設你的目的是要留下一個更美好的世界。理想情況下，該目的有助於影響價值觀。你的價值觀會促使你採取適當的措施（作為計畫的一部分）以實現期望的結果。也許它是創立非營利組織，致力於幫助罹患 PTSD 的退伍軍人，轟隆，世界瞬間變得更美好了。任務完成。

　　金字塔的最後也是最重要的一層是儀式。例如，我們假設你的公司由於全球大流行而正經歷重大轉型。你有幾個關鍵戰略要務是與這一轉變相關的，即是你的期望結果。因此，公司需要採取新的行動，改善程序，實行新的營運模式，改變文化以取得成功。新行動，在這種情況下，有時候需要新的信仰。不在於核心價值的轉變，而在於一種新的思考方式：拋棄舊觀念、擁抱新事物。就像領導力和管理專家馬歇爾・葛史密斯（Marshall Goldsmith）的那本有極大影響力的著作《UP 學：所有經理人相見恨晚的一本書》，有著相同的概念。

　　然後，你必須確保採取的任何新的信念或行動都符合公司的總體目標。最後，你需要確保所有現有或需要的儀式都支持著目的、信念和價值觀。因此，如果你的公司需要進行更多創新以保持其競爭優勢，那麼就需要有人從事一些很棒的創新事務。如果沒有與創新相關的儀式，則需要設計一個。例如，每週在工作時間發起一個創新實驗室，讓人們可以從事他們想要的任何項目，只要這些項目與公司的目標相關即可。

　　結果金字塔是一個模型，可確保你出於正確的原因做出正確的事情，以實現更好的目標並實現期望的結果。不祈求明天會更好，但是要求明天會更好。這是為了強力執行，建設心態和行為的方式。請記住，今天強力執行不錯的計畫比下週的完美計畫要好得多。為什麼？因為沒有一個計畫是完美的，而且明天勢必有所不同，明天會帶來新的挑戰和新的機會。

好極了，然後呢？

使用模型！從 DIY 家居項目，掌握踩高蹺的技巧到創立新公司，撫養孩子或與抑鬱症、肥胖症奮鬥，它可以在任何情境下使用。如果你沒有計畫，而且你的價值觀與你要實現的目標不符，那麼跨出舒適圈的生活將給你帶來更大的打擊。因此，請確實制定計畫，確定目標相符。

幫助自省的問題

○當閃閃發光的事物掠過或新的想法突然出現在我的腦海中
　時，我是否考慮要追求它？我會制定計畫還是跳入深淵？

○在追求個人和職業目標時，我經常問自己這些目標是否符
　合我的信念和價值觀？

○如果我的目標符合我的價值觀，那麼我是否有適當的儀式
　來支持我追求該目標的信念？

○我是否有正確的心態和韌性以及實現目標所需的勝利意
　願？如果沒有，為什麼不呢？

第十章

人固有一死，
現在就開始行動

懦夫一生死了很多次，勇者一生只有死一次。

——莎士比亞《凱撒大帝》

最近的研究說明人類的死亡率為 100%，另一個人生的確定因素是納稅。但是我們害怕死亡的未知。何時死？怎麼死？為什麼死？誰會在我們身邊？我們將完成什麼？在這一生之後還有下一世嗎？有天堂？還是我們的生命就只有如此短暫？這些問題的答案都寫在我們各自的獨特信念中。最重要的是，我們沒有時間可以浪費。

正如北美洲原住民酋長特庫姆塞的詩歌所說：「當你生命將盡

的那一刻，不要像那些內心對死亡充滿恐懼的人們一樣，在臨終之前哭泣著、祈求著生命能重來一次好做出不同的抉擇、活出不同的方式。高唱你的死亡之歌吧！然後如英雄般視死如歸。」總結他的話，所以當死亡來臨時，你可以說：「我準備好了。」

死亡使我們感到恐懼。我們很難接受死亡的現實，因此我們逃避談論它、思考它，甚至在我們失去所愛的人的時候也逃避承認死亡。然而在現實中，死亡是光，使所有生命意義的影子現形。沒有死亡、沒有終點，或沒有跨越鴻溝尋求更好事物的旅程，生命便沒有意義。部落首領常用古阿富汗語說：narik ta，意思是：有意義嗎？沒有死亡，一切似乎都無關緊要，所有經驗都是虛無，所有價值和指標都會是零。

正如我提及的那樣，911 恐怖攻擊發生在我的 235 班開始進行海豹部隊進階培訓階段的前兩天。據我們所知，911 改變了一切。特別是對於我國軍人和婦女。那時我們都知道將會開戰。戰爭會持續多久，沒人知道。要付出多少？我們假定花費很多，但當時的我們無法理解代價高的嚇人。

從海豹部隊培訓營畢業時，你會感到自己很無敵，但你不是。我清楚地記得 2003 年我調派到伊拉克的那一天，向父母告別。我們是第一個進入敵國追捕壞人的任務單位，底下有三十名海豹幹員。我的父母住在聖地牙哥市中心的 W 飯店，他們飛來加州送我

一程。他們的兒子要出任務，打擊敵人。當我們要說最後的再見時，媽媽轉向我，將手輕輕放在我的兩側臉頰。她說不出話，但她的肢體語言已幫她完整表達了。她露出了帶著恐懼和痛苦的笑容，眼淚滑過她的臉蛋，下巴顫抖，她說了再見，不是那種「我們六個月後見」，而是再也不見的「再見」。

　　不論你在電影中看到了什麼，海豹幹員並非不死之身。我們非常、非常的普通。雖然我不願破壞你的想像，但我們真的不會吞火或吃玻璃。我們這些活著的士兵，每一天都對已逝的弟兄感到內疚。但是，如果你可以詢問逝者是否帶有任何遺憾，他們會說沒有。他們唱著死亡之歌，像英雄一樣死去。

　　正如理查一世在 1192 年第三次十字軍東征期間對他的士兵的談話說道：

> 我們的命運在等待著我們，但即使我們人數不計其數，也不要懼怕死亡之手。大家最終都會死。並非每個人都可以選擇以榮耀和榮譽結束自己的生命。肩並肩，盾接盾，一劍接一劍地站起來，與我們的敵人作戰，爭取自由和更大的利益。我的朋友是值得為之奮鬥的榮耀。我的兄弟是值得為之赴死的榮譽。

加州，聖地牙哥
2005 年六月

　　當我倒咖啡時，我打著哈欠，我拿起遙控器打開電視，收看 CNN 或 FOX 新聞，頻道我記得不是很清楚。電視播報著：從塔利班宣傳網站上刊載的圖像，其中有邁可（Mike）、艾克斯（Axe）和丹尼（Danny）。他們是海豹部隊的戰士，在戰場上做了最後的犧牲。裝著咖啡的馬克杯從我的手中滑落，摔破一地。我盯著報導，眼眶滿是淚。兩個星期後，我赴往邁可的葬禮，在紐約蘇福克郡的卡爾弗頓國家公墓舉行。

　　那天始於殯儀館，參加者會到此獻上敬意。那天下著傾盆大雨，當我們離開殯儀館時，邁可的六個隊友將他的靈柩運到靈車上。長島警察和紐約市消防員站在隊伍中，在雨中全神貫注的敬禮，畫面相當震撼人心。數十輛車組成的遊行隊伍開往教堂，高速公路被封閉，上面停滿一排排的消防車，他們在道路兩側成對停好，梯子高高懸掛著我見過最大的美國國旗。在教堂的葬禮結束之後，遊行隊伍前進國家公墓。

　　我和邁可・墨菲（Michael Murphy）是 BUD/S 235 班的同梯學員，直到他因壓力性骨折轉入 236 班。他是我的第二次海軍葬禮，也是第一次海豹部隊葬禮，這是我見過最強大卻最揪心的事。

將折疊的旗幟獻給了他的母親莫琳（Maureen）和他的未婚妻海瑟（Heather）。他的一個隊友謙遜地跪在莫琳面前，低著頭，伸出雙臂，高舉旗幟。他毫不動彈也不抬頭，直到她收下國旗，痛徹心扉卻堅忍不拔，然後他的排排成一列，每個人走到靈柩旁，向他道別。他們每個人都從胸前取下三叉戟徽章，將它們釘在棺材的木頭上。光滑的桃花心木蓋上以金色胸針為襯，象徵著他們的兄弟情誼。在那一刻，每個隊友、朋友和家人都失去了內心的一塊。

「紅翼行動」是阿富汗庫納爾省的一次平叛亂行動，派出一支四人海豹幹員小組，其中的墨菲和另外兩名士兵丹尼·迪茨（Danny Dietz）和馬修·阿克塞爾森（Matthew Axelson）被殺，另外在試圖營救小組的過程中，因直升機被擊落，殺死了十六名美國特種作戰士兵（八名海豹突擊隊和八名160軍特種作戰航空兵）。當時，這件事既是自阿富汗戰爭開始以來美軍最大的生命損失，也是自越戰以來海豹部隊最大的生命損失。馬庫斯·盧特雷爾（Marcus Luttrell）是唯一倖存的海豹幹員。他努力前往當地的一個村莊，在那裡他得到了保護。最終，村民派遣了一名使者到最近的軍事基地，一個救援隊找到了他。這個故事記錄在他的動人著作《紅翼行動》（*Lone Survivor*）中，該書在2013年的被翻拍為同名大片。

邁可是四人偵察隊的指揮官。他們的任務是殺死或俘獲塔利班

最高領導人艾哈邁德‧沙阿（Ahmad Shah），後者領導了一群被稱為「山老虎」的叛亂分子。該小組搭乘直升機在巴基斯坦邊界附近的庫納爾阿薩達巴德以東的偏遠山區迫降。在最初成功滲透之後，當地的牧羊人偶然發現了海豹部隊的藏身之處。該小組無法證實牧羊人有無敵意，他們只好放人。一些有敵意的當地人，可能是他們釋放的牧羊人，跑去警告附近的塔利班部隊，他們很快就從高空包圍並襲擊該小組，隨後進行了激烈的槍戰。邁可用無線電尋求援助後，美軍派遣一架載有增援部隊的 MH-47 契努克直升飛機營救該小組，但被敵方以火箭推進榴彈擊落，殺死了機上全部十六名人員。

　　邁可離開掩護位置，為了找到良好的訊號以聯繫總部，傳達他們的困境並要求立即為小隊提供支援，他前往山上的一片空地，使自己暴露在槍口下，因此被殺害。經多次中槍，他的衛星電話落下，又再撿起來完成通話。在被槍擊時，他的最後一句話說了：「謝謝」，然後繼續戰鬥，直到重傷而死。

　　邁可、丹尼和艾克斯像勇士詩人一樣戰鬥，並在行動中被殺害，帶走了一半以上的塔利班大軍。馬庫斯‧盧特雷爾是唯一倖存的美國人。邁可因當天在山上的英勇與無私，被授予榮譽勛章。邁可的三名士兵都因參加戰鬥而被授予海軍第二高榮譽，即海軍十字勛章，使他們成為當時史上最強大的海軍海豹部隊小組。

邁可是個好兒子、好戰士、好隊友和一個好男人；他的悼詞就是最佳證明。

距離非洲東岸一英里
4:30AM

當大海在我們下面洶湧，大型單桅帆船猛烈地來回晃動。我和隊友史考第（Scotty）、傑夫（Jeff）以及我們的口譯員在船尾上甲板的一個大塑料篷布下縮在一起。傾盆大雨，我們都濕透了。我不能透露任務的目的，但是我們已經生活在破船上有一個星期了，吃自製的煎餅和喝甜茶。我們的馬桶是後甲板上的一個洞，通向湛藍的海水。到目前為止，我有限的史瓦帝語還真的可以派上用場。我們只穿短褲和T恤。我們還擁有兩個裝有武器和衛星通訊收音機的黑色大型Pelican防震箱。我們的船上還載著由9名當地人組成的盡職雜工船員。海象似乎愈來愈糟，我們正在考慮要求特種快艇隊協助撤離，該部隊在我們所在地以南數公里處待命。

「嘿，我們現在真的很喜歡逆境，是吧？兄弟！」我對史考第說。他在篷布下緊挨著我，這是我們免受傾盆大雨的唯一保護。單桅帆船來回擺動時，我的膝蓋和手肘因為在骯髒的甲板上滑行而破皮又流血。傷口即將感染！

「你們聞到煙味了嗎？」傑夫問。「該死，我聞到了。」我回

答。我們扔下了篷布，然後走下梯子到第二層甲板，還有引擎室。通過開口，我們可以看到火焰從引擎室噴出。「嘿，大夥兒，快來看看。」我說。

「嗯，情況不妙。」傑夫用一貫調皮的狡黠微笑口氣（但臉部表情很快就顯露他的一點擔憂）。我們的四名船員開始用水桶將水傳進引擎室，另一個傢伙把水往裡頭倒。這變成澈底的幫倒忙，鳥事一樁。

「老天……讓我們下去幫幫這些人吧。」史考第翻了個白眼。當傑夫聯繫到特種快艇隊時，我們走了下來。他結束通話時說：「如果你看到三個白人在鯊魚出沒的水域中漂浮，緊貼著木板，那就是我們。」幸運的是，我們撲滅了大火，海面終於平靜了下來。我們再次感到自己像真正的水手。

史考第和傑夫都跨越了生死，現居住在瓦爾哈拉（Valhalla）。在我們非洲之旅結束的多年後，在 2019 年 1 月 16 日敘利亞的自殺炸彈攻擊中，史考第是四名喪生的勇敢美國人之一。幾年前，傑夫被發現倒臥在公寓地板上死亡，死亡原因不明。我期待著我們大家團聚的日子，一起談論團隊生活的荒唐故事。

2012 年，馬克・博內特（Mark Burnett）和迪克・沃夫（Dick Wolf）製作的 CBS 電視臺實境秀《明星出任務》（*Stars Earn Stripes*），我在節目中擔任一角。電視節目的基本前提是

讓尼克・拉奇（Nick Lachey），迪恩・凱恩（Dean Cain），特里・克魯斯（Terry Crews），萊拉・阿里（Laila Ali），托德・佩林（Todd Palin）和皮卡波・史崔特（Picabo Street）等名人與前特種部隊幹員配對，以參加任務。我的朋友和隊友，克里斯・凱爾（Chris Kyle）是節目中的另一名海豹幹員。節目播出後不久（2013 年 2 月 2 日），克里斯和他的朋友查德・利特菲爾德（Chad Littlefield）被謀殺。克里斯和查德在前往德州查爾克山（Chalk Mountain）附近的靶場時被擊斃，殺死他們倆的是克里斯指導的 25 歲患有 PTSD 的海軍陸戰隊成員埃迪・魯斯（Eddie Ray Routh）。此案因凱爾在 2012 年出版的最暢銷的自傳《美國狙擊手》（*American Sniper*）而聲名遠播。克林・伊斯威特（Clint Eastwood）後來將凱爾的書改編成電影。克里斯的遺孀塔亞・凱爾（Taya Kyle）是兩個孩子的母親，繼承了暢銷書作家和退伍軍人倡議者的工作。還有，她是個堅強的人。

　　我們所有人都會迎來死亡。在大多數情況下，我們不知道確切的時間。為什麼要在毫無意義的活動和關係上浪費寶貴的時間？這只會讓我們變得無趣又不滿；為什麼要讓遺憾有機會發生呢？為什麼不花更多的時間去做比自己更大的事業？為什麼不拿回完全掌控權，並著眼於終點，計畫我們的非凡人生呢？

心理模型

從結局開始努力

　　史蒂芬・柯維（Stephen Covey）在其開創性著作《與成功有約》中提到的第二個習慣是「以終為始」。閉上你的眼睛，想想有人在悼念你。他們談論你賺了多少錢？你的職位？你的房子有多大？擁有多少輛車？你的《要塞英雄》打得好嗎？你每學期都拿書卷獎嗎？你不只一、兩次，而是多次寫了一條造成轟動的推文嗎？你有成千上萬的 Instagram 粉絲嗎？

　　如果你像是個正派的人，那這些可能不是你設想的。你可能想像他們在談論你的美德。你可能想像一個值得信賴的朋友談論你的性格和人際關係。你是丈夫、父親、妻子、母親和朋友的那種。你如何努力為孩子們提供美好的生活，也提供他們一種使命感和健全的道德標準。即使你在婚姻掙扎數十年，你仍然會如何對配偶做些浪漫的舉動。你如何對你的好友慷慨解囊。你可能想像他分享了囊括了有趣和悲傷的故事，這些故事突顯了你的正直、友善、好奇心以及對他人生活的影響。

　　根據柯維的說法，在過美好、充實的生活之前，必須先了解它的樣貌。當我們知道了我們希望在臨終時人們會如何談論我們，我們現在就可以開始採取行動，使這些情境在未來化為現實。想著生命的終點，我們可以知道每天、每週要做的事。我們知道如何執行我們的任務計畫。

★ ★ ★

　　現在是時候製作擁抱逆境的遺憾清單了。使用下面的模型來確保自己過非凡的人生，讓生命充滿目的，不留下任何遺憾，為他人付出，留下能讓世界變得更美好的遺物。我列出了一些主題，但也留空間讓你可以量身訂做。

你可以從這張表開始。

當我們提到……	我不想感到遺憾的是……
·家庭	
·人際關係	
·健康	
·工作職涯	
·回報	
·承擔合理的風險	
·我的價值觀	
·我的目的	
·大膽去做	
·狠狠愛過	

好極了，然後呢？

　　重點是，有一天我們都必須歌頌自己的死亡。你的歌詞會是什麼？你想在世界上留下什麼痕跡？到了那一天，你絕對不想對什麼感到後悔？你會回想、意識到自己沒有去冒險，而是留在自己的小世界裡安穩地過生活嗎？還是你會想到自己的全部都留在生活的戰場上了？

　　選擇就在你的手上。

幫助自省的問題

○我願意為尋求真正的幸福與滿足而刻意受苦嗎？

○以我目前的狀態，在我死後，人們會給我什麼樣的真實
評價？

○為了符合自己的悼詞美德，我願意做出什麼改變？

○我會優先考慮那些符合我和我所愛的人的價值觀的東
西嗎？

○當生命走到盡頭，我不想對什麼感到後悔？

轉換心境，活出精彩

願你遇到的所有事物，不論好事壞事，
都不放棄，沒有一種感受是一成不變的。

——里爾克

我的朋友，現在是時候該踏上戰場，向敵人發起戰鬥了，與自己去戰爭。是時候鍛鍊彈性肌肉，設定並實現崇高目標，在您所做的所有事情中追求卓越和創新，並掌握最佳性能的藝術。我想給您留下一些海軍海豹部隊的名言（現在已經知道了一些），以使您集中精力和精力充沛。您可以將它們用作旅途的燃料。擁抱它們。與他人分享。每天做您必須採取的一切以擁抱逆境並過著非凡的生活。藉由紀律和應變能力，你將贏得這場戰鬥，

甚至更多。

祝你好運！

12 條轉換心境、活出精彩
的安全保護原則

1. **擁抱逆境。** 接納生命的挑戰，因為它是成長發展的機會。選擇靠向它，而非逃跑。

2. **唯有昨天是最輕鬆的一天。** 對於追求高績效的個人或團隊而言，沒有一日是輕鬆的。應對挑戰，控制自己可以控制的事，忽略自己不能控制的事。

3. **習慣不舒適感，你會感到愈來愈舒適。** 一有機會，就要將舒適圈往外擴張，做得愈多，舒適圈就會愈來愈廣闊。

4. **在逆境中堅持奮鬥。** 面對逆境時，走向它，給它一個大大的擁抱，和它做朋友。只要有機會，就重新證明自己是個野蠻人。

5. **成為成功者必須付出代價。**我們對成功的定義各有見解。明確定義你的目標，制定計畫，稱霸戰場。

6. **在沒有指令的情況下，我將扛起責任。**不要讓別人掌控你的生活，對自己負責。紀律和責任心會為開悟和實現自我開路。

7. **活在當下。**專注在你可以直接控制的事物上，排除其他的。這會讓你可以在你具有最大影響力的地方，確定優先事項並執行。

8. **要求紀律，期待創新。**有紀律和有創造力的人可以實現更多目標。不要將時間浪費在與你的價值觀和預期結果不符的事情上。

9. **緩慢而平穩，平穩而快速。**改善生活各個層面的表現都需要時間。首先先將小事做好，然後持續將目標訂得愈來愈高。

10. **先完成小目標，就會實現大目標。**說到實現大目標和跨越人生障礙，當我們有太多的優先事項時，我們就沒有真正的優先事項。確定優先事項並執行。

11. 不容妥協的誠信是我的原則。誠信和信任對個人表現及任何團隊或關係的成功有著直接、可衡量的影響。

12. 永不停止戰鬥。我非常相信這種人生哲學，所以我在手臂上紋上了拉丁文刺青。*Numquam Proelia Derelinquam*。這無須多做解釋。

謝詞

我該從何處開始？我終於了解，寫書是一個複雜的過程，涉及很多人，從各個角度看都是一場團隊合作。本書發行的時機恰好是全球艱難的一年（2020）的年末，未來幾年，將產生一波波的挑戰，但是我的靈感始於卑微的經驗，有幸與世界上最偉大的戰士們一起服役。我們的軍人，以及他們的家人，為這份志業付出如此之多，這將永遠感動我。他們隨時準備回應國家的號召，捍衛我們，對抗那些想要摧毀我們的敵人。當然，之中有些人犧牲了性命。勇敢的男人、女人情願拋棄了自己的私欲，奔向槍火，以保護我們的生活和自由，讓我們在夜晚可以安然入睡。

如果沒有超棒的妻子妮可的全心支持，我將永遠無法完成這項有意義的工作，她是我最好的朋友、商業夥伴和指揮官。感謝我的三個優秀的孩子，泰勒、帕克羅斯和萊德，當然，也要感謝在2021年1月誕生的新生兒，我們家很快可以組成一支完整的消防

隊！寫作是一個創造的過程，通常需要安靜和孤獨，而在全球武漢肺炎大流行時期做到這一點，對一個五口之家談何容易。沒有妻子的堅定支持和領導，出書計畫可能無法實現。

我要特別感謝我出色的團隊。我的出版經紀人法利·切斯（Farley Chase）再次給我機會，他的指導、反饋和建議持續證明他們的寶貴價值，使我精進我的寫作能力。感謝我的編輯丹·安布羅修（Dan Ambrosio）和阿歇特出版集團（Hachette Book Group）才華橫溢的團隊。

最後一點，衷心感謝參與此書的海豹部隊弟兄。大衛·果金斯非常慷慨地撰寫前言。大衛繼續激勵著世界各地的人們，我很自豪地稱他為 BUD/S 的同學、五隊隊友和朋友。特別感謝我的勇士弟兄傑森·瑞德曼，讓我寫下他關於生存、毅力和韌性的迷人故事。你的書鼓舞了許多人，改變了他們對於韌性和克服逆境的想法。期待我們的新冒險。感謝馬克·歐文（很罩的得分王、前隊友，也是《紐約時報》暢銷書作者，著有《艱難一日》、《沒有英雄》）過去二十年的友誼和指教。

每個為本書有貢獻的人都更加強化了一個事實，那就是完成任何高價值的事，都需要一支團隊，一個人是無法達成的。

參考文獻

一、外文

Baumeister, Roy F., and John Tierney. *Willpower: Rediscovering the Greatest Human Strength*. New York: Penguin Books, 2001.

Covington, Martin. "Self-Worth Theory: Retrospection and Prospects." *In Handbook of Motivation at School*, edited by Kathryn R. Wentzel and Allan Wigfield. New York: Routledge, 2009.

Dweck, Carol S. *Mindset: The New Psychology of Success*. New York: Ballantine Books, 2006.

Gleeson, Brent. *TakingPoint: A Navy SEAL's 10 Fail-Safe Principles for Leading Through Change*. New York: Touchstone, 2018.

Goggins, David. *Can't Hurt Me: Master Your Mind and Defy the Odds*. Austin, Texas: Lioncrest, 2018.

Goldsmith, Marshall, with Mark Reiter. *What Got You Here Won't Get You There: How Successful People Become Even More Successful*. New York: Hachette, 2007.

Hillenbrand, Laura. *Unbroken: A World War II Story of Survival, Resilience, and Redemption*. New York: Random House, 2010.

Honnold, Alex, with David Roberts. *Alone on the Wall*. New York: Norton, 2016.

Owen, Mark. *No Easy Day: The Firsthand Account of the Mission That Killed Osama Bin Laden*. New York: Penguin Books, 2012.

二、中文

卡蘿・杜維克著；李芳齡譯，《心態致勝：全新成功心理學》，天下文化，2019。

馬歇爾・葛史密斯、馬克・賴特著；吳玫琪譯，《UP 學：所有經理人相見恨晚的一本書》，李茲文化，2007。

羅伊・鮑梅斯特、約翰・堤爾尼著；劉復苓譯，《增強你的意志力：教你實現目標、抗拒誘惑的成功心理學》，經濟新潮社，2013。

三、網站

Clear, James. "Let Your Values Drive Your Choices." Accessed April 23, 2020. https://jamesclear.com /values-choices.

Crum, Alia, and Thomas Crum. "Stress Can Be a Good Thing If You Know How to Use It." Harvard Business Review, September 3, 2015. https://hbr.org/2015/09/stress-can-be-a-good-thing-if-you-know-how-to-use-it.

Konnikova, Maria. "How People Learn to Become Resilient." *New Yorker*, February 11, 2016. https://www.newyorker.com/science /maria-konnikova/the-secret-formula-for-resilience.

Mangurian, Glenn E. "Realizing What You're Made Of" Harvard Business Review, March 2007. https://hbr.org/2007/03/realizing-what-youre-made-of.

關於作者

布蘭特‧格里森是海軍海豹部隊的退役士兵和成功的商業人士。在離開海豹第五小隊後，將他的原則和戰場知識帶進商業界，成為獲獎的企業家、暢銷書作家、廣受好評的演講者和顧問，擅長的主題包括領導力、如何建立高績效的團隊、文化、堅毅和組織轉型。

布蘭特是 TakePoint Leadership 公司的創辦人兼執行長，TakingPoint Leadership 是一間針對漸進式領導和組織發展的顧問公司，專長是企業轉型和建立高績效企業文化。布蘭特在 2013 年被《企業家》（*Entrepreneur*）雜誌評選為十大執行長。

布蘭特在領導力和組織變革方面，是個值得尊敬的思想領袖。他的專業既現實又學術，他建立了多個高成長的組織。

　　布蘭特擁有南美以美大學的金融與經濟學學位，擁有英國牛津大學的英語和歷史學證書，以及聖地牙哥大學的商業管理碩士學位。

　　他是《先發制人：海豹部隊團隊管理的十大黃金法則》一書作者，在亞馬遜網路書店的組織變革與組織結構調整類拿到第一名。

作者布蘭特‧格里森 Brent Gleeson
譯者曾文彥
主編趙思語
執行編輯張碧娟(特約)
美術設計羅婕云

意志鍛鍊 10個磨練鋼鐵心智、邁向巔峰的海豹部隊戰勝心法

發行人何飛鵬
PCH集團生活旅遊事業總經理暨社長李淑霞
總編輯汪雨菁
主編丁奕岑
行銷企畫經理呂妙君
行銷企劃專員許立心

出版公司
墨刻出版股份有限公司
地址：台北市104民生東路二段141號9樓
電話：886-2-2500-7008／傳真：886-2-2500-7796
E-mail：mook_service@hmg.com.tw
發行公司
英屬蓋曼群島商家庭傳媒股份有限公司城邦分公司
城邦讀書花園：www.cite.com.tw
劃撥：19863813／戶名：書虫股份有限公司
香港發行城邦(香港)出版集團有限公司
地址：香港灣仔駱克道193號東超商業中心1樓
電話：852-2508-6231／傳真：852-2578-9337
製版‧印刷漾格科技股份有限公司
ISBN978-986-289-563-4‧978-986-289-564-1 (EPUB)
城邦書號KJ2012 **初版**2021年05月
定價380元
MOOK官網www.mook.com.tw
Facebook粉絲團
MOOK墨刻出版 www.facebook.com/travelmook
版權所有‧翻印必究

國家圖書館出版品預行編目資料

意志鍛鍊：10個磨練鋼鐵心智、邁向巔峰的海豹部隊戰勝心法/布蘭
特‧格里森(Brent Gleeson)作；曾文彥譯. -- 初版. -- 臺北市：墨刻
出版股份有限公司出版：英屬蓋曼群島商家庭傳媒股份有限公司城
邦分公司發行, 2021.05
240面；14.8×21公分. -- (SASUGAS ; 12)
譯自：Embrace the suck : the Navy SEAL way to an
extraordinary life
ISBN 978-986-289-563-4(平裝)
1.意志 2.個性心理學 3.成功法
173.764   110006001